EL JAPÓN DEL MUNDO ANTIGUO

LEYENDAS DE LA TIERRA DE LOS DIOSES

EL JAPÓN DEL MUNDO ANTIGUO

LEYENDAS DE LA TIERRA DE LOS DIOSES

por Frank Rinder

Traducción al castellano de la obra de Frank Rinder
Old-World Japan. Legends of the Land of the Gods, realizada
por Javier Yuste González

Traducción del original *Old-World Japan. Legends of the Land of the Gods*, de Frank Rinder, editada por George Allen, del 156 de Charing Cross Road, Londres, en 1895
Copyright de la traducción © 2016 Javier Yuste González

ISBN-13: 978-1539745716
ISBN-10:1539745716

Diseño de la portada: Ilustración realizada por Theodore Henry Robinson (1881-1964), representando al príncipe Ho-Wori a lomos del dragón del rey del mar, contenida en la página 47 de *Old-World Japan. Legends of the Land of the Gods*, de Frank Rinder, editada por George Allen, del 156 de Charing Cross Road, Londres, en 1895. Colores y diseño general por Javier Yuste González

Introducción a la presente traducción

LA primera vez que se escuchó en Occidente acerca del Reino o Imperio del Sol Naciente fue cuando Marco Polo lo reseñó en 1299 en su *Libro de las Maravillas* (capítulo 160), referenciando los funestos recuerdos que a Kublai Khan le traían los dos intentos de invasión y conquista del archipiélago que encabezó en 1274 y 1281 y que acabaron en desastre, principalmente debido a las meteorológicas principalmente. El *Viento Divino*, el erróneamente denominado en Europa como *Kamikaze*, se interpuso (además de otros elementos más mundanos) entre las aspiraciones del ambicioso y cruel mogol y unas islas cargadas de míticos tesoros.

Marco Polo denominó a este territorio ignoto como Cipango, que es como supo interpretar la denominación que le daban los chinos: *Ji-Puh-Kue*; un reino que el veneciano describió al detalle, en cuanto a sus riquezas sin fin, aún cuando nunca puso pie en el mismo.

Y, desde ese mismo instante, Cipango pobló la mente de todos los aventureros y buscadores de fortuna, de nobles y soberanos hambrientos de nuevos territorios. El corto relato de Polo inspiró a Cristóbal Colón a querer restablecer por el Oeste la ruta con las Indias, interrumpida de forma violenta tras la caída de Constantinopla en 1453 y convencer a la reina Isabel I de Castilla para que patrocinara una expedición hacia lo desconocido. Y es a Cipango a donde creyó Colón que arribó aquel 12 de Octubre de 1492, muriendo años después sin percatarse de que había tropezado con un nuevo continente.

Colón dirigió un proyecto que era en la práctica un disparate, pues muchas de las narraciones de Polo no son más que fantasías. ¿Por qué no iba a ser otro tanto Cipango?

Tiempo después, con la certeza de que las tierras descubiertas por Colón para el reino de Castilla formaban parte de un continente extensísimo y que se interponía con las deseadas islas y países de la Especiería y Catay, fue el aventurero portugués Fernán Méndes

Pinto, ya en 1542, el primero occidental en pisar lo que hoy conocemos como Japón, iniciando una fértil relación para su reino con Cipango; relación que se extendió en menor medida a España y, por motivos más torticeros, a Holanda e Inglaterra en un momento histórico en el que en el Imperio florecía una forma de gobierno que duraría más de dos siglos: el shogunato Tokugawa y el apartamiento del Emperador como figura meramente religiosa.

Pero las ambiciones del hombre blanco llevaron a la quiebra, en 1636, los lazos que llegaron a formarse entre Japón y Europa, tras un episodio sangriento que podríamos afirmar que fue un combate entre el reino de España y las provincias rebeldes de Flandes en territorio nipón. Ese año dio inicio una política agresiva de aislacionismo del Imperio frente a los intereses extranjeros, que se mantendría a fuerza de pólvora y violencia hasta 1853, cuando el comodoro Matthew C. Perry, de la Marina de guerra de los Estados Unidos de América, irrumpe en la bahía de Edo con una flota de buques de vapor ante los que el shogunato nada puede hacer.

A partir de 1854 las puertas del Imperio del Sol Naciente se abren de par en par, para lo bueno y para lo malo. Guerras civiles, epidemias, hambrunas, devaluaciones de moneda y una creciente militarización de la sociedad; algo que choca con el desmedido interés de algunos eruditos por conocer todos los recovecos antropológicos de una cultura prácticamente aislada del mundo exterior, pero altamente sofisticada. Entre ellos se encontraba Frank Rinder (1863-1937), el autor de *Old-World Japan*, obra datada en 1895 y editada por George Allen, del 156 de Charing Cross Road, Londres, y que le ofrecemos por primera vez en lengua castellana.

Rinder recoge veinte relatos que describen a la perfección el alma nipona y su mitología, íntimamente ligadas a la Naturaleza; relatos en los que tendrán cabida la creación del mundo, las aventuras de los dioses y pequeños seres fantásticos que cautivarán por su sencillez y belleza.

Javier Yuste González

Prefacio de Frank Rinder a la edición de 1895

LA Historia y la mitología, la realidad y la fábula, están estrechamente entrelazadas a la vida y el pensamiento japonés: en efecto, hasta años relativamente recientes, la crítica comparativa no ha sido capaz, con cierto grado de precisión, de distinguir una de la otra. Las memorias del periodo divino contenidas en el *Kojiki* y en el *Nihongi* – *Documentos de Asuntos Antiguos*, compilados en el s. VIII de la era Cristiana-, recogen los eventos de los ciclos de vida desde el nacimiento de Ame-no-mi-naka-nushi-no-kamie en el Llano del Alto Cielo, «cuando la Tierra, joven y semejante al aceite que fluye, derivaba como una medusa», hasta la muerte de la Emperatriz Suiko, en el año 628 d. C.

Los seis primeros cuentos que contiene este pequeño volumen se basan en algunos de los incidentes más importantes y pintorescos de este periodo de intervención divina. La leyenda inicial da una breve relación sobre el nacimiento de varias deidades shintoístas, de la creación de Japón y del mundo, del descenso de Izanagi al Hades como Orfeo, y de su posterior lucha contra los demonios.

No puede ponerse en duda que la civilización china ha ejercido una profunda influencia en la del Japón. Un erudito de renombre ha hallado pruebas de ello en escritos tan tempranos como el *Kokiji* y el *Nihongi*. Para dar un solo ejemplo: las joyas *curvas*[1], con las que se le hizo a Ama-terasu un extraordinario collar, nunca se han encontrado en Japón, mientras que la piedra no es poco frecuente en China.

Este, por el contrario, no es lugar de crítica para analizar la riqueza de los mitos, leyendas, fábulas y cuentos populares que se encuentran dispersos en la literatura japonesa y que se representan en el arte japonés: basta con decir

---

[1] Rinder se refiere a un tipo de abalorios de materiales como el jade, la ágata, el cuarzo o el jaspe, que datan del periodo prehistórico nipón y que tienen forma curva, semejante a colmillos. Las más conocidas son las *Yasakani no Magatama.*

que el estudiante y amante del romance primitivo encontrará aquí extensos campos prácticamente inexplorados.

Los cuentos contenidos en este volumen han sido seleccionados más por su belleza y encanto, hechos y colorido, que por representar de manera adecuada la tradición japonesa. También han sido escogidos por ser desconocidos para el público inglés. Varias denominaciones clásicas del Japón han sido interpoladas en el texto. Queda por decir que, para no abrumar al lector, se ha considerado necesario abreviar los nombres plurisilábicos japoneses.

Las fuentes de las que me he servido son demasiado numerosas como para relacionarlas. Mi agradecimiento en especial al profesor Basil Hall Chamberlain, por su íntimo y erudito conocimiento de los japoneses, así como también a otros escritores en lengua inglesa, como son el Sr. A. B. Mitford y el Sr. Ladcadio Hearn, cuyos volúmenes de *Unfamiliar Japan* aparecieron el pasado año. El cuidado texto del Dr. David Braun y los estudios de F. A. Junker von Langegg también han sido de gran utilidad. Las obras de numerosos escritores franceses sobre arte japonés también han sido consultadas con sumo interés.

FRANK RINDER

ÍNDICE

Introducción a la presente traducción............................ i

Prefacio de Frank Rinder a la edición de 1895............. v

Del nacimiento de los Dioses 1

La diosa del sol 9

Los mensajeros celestiales 15

El Príncipe del Arroz abundante 21

El Palacio del Lecho Oceánico................................. 27

Otoño Primavera 33

Los amantes de las estrellas 39

La Isla de la Eterna Juventud 43

Rai-Taro, el hijo del Dios del Trueno 49

Las almas de los niños.. 55

La Doncella de la Luna 59

El gran abeto de Takasago 65

El sauce de Mukochima 69

El niño del bosque 75

La visión de Tsunu... 83

La princesa luciérnaga 89

La boda del gorrión... 93

El amor de la zorra blanca como la nieve 99

Nedzumi.. 105

Koma y Gon.. 109

Del nacimiento de los Dioses

ANTES de que el Tiempo existiera y el mundo se hubiera creado, reinaba el caos. La tierra y las aguas, la luz y la oscuridad, las estrellas y el firmamento, se entretejían en un líquido vaporoso. Todas las cosas estaban desordenadas y eran confusas. Ninguna criatura existía; formas fantasmales se movían como nubes sobre la superficie de un mar rizado. Fue el tiempo del nacimiento de los dioses. La primera deidad nació de un inmenso brote de junco, se elevó, como punta de lanza, en medio del desorden sin límites. Otros dioses nacieron, pero pasaron tres generaciones antes de que la atmósfera se separara de la Tierra más sólida. Por último, cuando la punta de la espadaña apuntaba hacia arriba, los espíritus celestiales aparecieron.

A partir de este momento su reino se separó del mundo inferior, donde el caos seguía prevaleciendo. A la cuarta pareja de dioses se le encomendó crear la Tierra. Estos dos seres eran el todopoderoso Dios del Aire, Izanagi, y la justa Diosa de las Nubes, Izanami. De ellos surgió la vida.

Izanagi e Izanami vagaron por el Puente Flotante del Cielo. Este puente abarcaba el abismo entre el cielo y el mundo sin forma; manteniéndose en el aire y de forma segura. El Dios del Aire habló con la Diosa de las Nubes: «Es necesario un mundo bajo nosotros, visitémoslo». Cuando hubo dicho esto, él clavo su lanza de piedras preciosas en el hervidero de abajo. Las gotas cayeron de la punta de la lanza y se convirtieron en la isla de Onogoro. Entonces los Creadores de la Tierra descendieron y elevaron el pico de una alta montaña, en cuya cumbre podía descansar el extremo final del puente celestial, y en torno a la cual el mundo debía girar.

La sabiduría del Espíritu Celestial había decretado que Izanagi debía ser un hombre e Izanami una mujer, y estas dos deidades decidieron unirse y vivir juntas en la Tierra. Pero, como corresponde a su augusto nacimiento, el cortejo debía ser solemne.

Izanagi bordeó la base de la montaña hacia la derecha, Izanami hacia la izquierda. Cuando la Diosa de las Nubes vio al Dios del Aire acercándose, ella gritó extasiada: «Ah, qué bello y hermoso joven!» Entonces Izanagi exclamó: «¡Ah, que hermosa y encantadora doncella!» Al encontrarse, entrelazaron sus manos y el matrimonio se llevó a cabo. Pero, por alguna razón desconocida, la unión no resultó ser tan dichosa como el dios y la diosa habían esperado. Ellos continuaron su obra de creación, pero Awaji, la isla que surgió de la profundidad, era poco más que un árido desierto, y su hijo primogénito, Hiruko, un cobarde. Los Hacedores de la Tierra lo depositaron en un bote tejido con cañas y lo dejaron a merced del viento y de la marea.

Con gran dolor, Izanagi e Izanami volvieron a cruzar el Puente Flotante, y llegaron hasta el lugar donde los Espíritus Celestiales ofrecen eterna audiencia. Entonces se enteraron de que, cuando los dioses se reunieron alrededor de la base del Pilar de la Tierra, Izanagi debió haber sido el primero en hablar. Ellos debían cortejarse y casarse de nuevo. A su regreso a la Tierra, Izanagi, como antes, fue por la derecha, e Izanami por la izquierda de la montaña, pero ahora, cuando se reunieron, Izanagi exclamó: «¡Ah, qué bella y hermosa doncella» e Izanami respondió con alegría: "¡Ah, que bello y hermoso joven!" Juntaron las manos una vez más y comenzó su felicidad. Ellos crearon las ocho grandes islas del Reino de Japón: en primer lugar la exuberante isla de la Libélula, el gran Yamato; entonces, Tsukushi, la Juventud de Sol blanco; Iyo, la Encantadora Princesa, y muchas más. Los islotes del archipiélago fueron formados por la espuma de las olas rompientes en los puntos de la línea de costa de las islas creadas. Así China y las tierras restantes y los continentes del mundo llegaron a existir.

Entonces nacieron de Izanagi e Izanami el Gobernante de los Ríos, la Deidad de las Montañas, y, después, el Dios de los Árboles y una diosa a quien se le confió el cuidado de las plantas tiernas y las hierbas.

Izanagi e Izanami dijeron: «Hemos creado el poderoso Reino de las Ocho Islas, con montañas, ríos y árboles, sin embargo, otra divinidad debe existir que haya de guardar y gobernar este hermoso mundo.»

A medida que hablaban, una hija nació de ellos. Su belleza era deslumbrante y su porte real presagiaba que su trono se debía establecer por encima de las nubes. No fue otra que Ama-terasu, el Espíritu Celestial Resplandeciente. Izanagi e Izanami se alegraron enormemente cuando vieron su rostro y exclamaron: «Nuestra hija ha de vivir en la Llanura Azul del Alto Cielo y, desde allí, dirigirá el universo.» Así que se la llevaron a la cima de la montaña y sobre el maravilloso Puente. Los Espíritus Celestiales se regocijaron al ver a Ama-terasu y dijeron: «Has de subir en el suave azul del cielo; tu brillo ha de iluminar y tu dulce sonrisa alegrar a la Tierra Eterna y a todo el mundo. Lanudas nubes serán tus siervas y las brillantes gotas de rocío tus mensajeros de paz.»

El siguiente hijo de Izanagi e Izanami fue un varón, y como él también era hermoso, con la belleza onírica de la noche, lo colocaron en el cielo, como co-regente con su hermana, Ama-terasu. Su nombre era Tsukuyomi, el Dios de la Luna. El dios Susa-no-o fue otro hijo de las dos deidades que cortejó y se unió a la base del Pilar de la Tierra. A diferencia de su hermano y su hermana, Susa-no-o era aficionado a la sombra y a la oscuridad. Cuando él lloraba, la hierba de la ladera de la montaña se secaba, las flores se marchitaban y los hombres morían. Izanagi sentía poca alegría por este hijo; sin embargo, lo nombró gobernador del océano.

Una vez que el mundo fuera creado, la felicidad de la vida del Dios del Aire y de la Diosa de las Nubes terminó. El consumidor, el Dios del Fuego, nació e Izanami murió. Ella se desvaneció en las profundas soledades del Reino de los Árboles, en el país de Kii, y desapareció en las regiones inferiores.

Izanagi se sentía muy apenado pues Izanami se había alejado de él, y descendió en su búsqueda hasta las puertas del Reino de las Sombras, donde la luz del sol no se conoce. Izanami, de buena gana, habría abandonado ese lugar para reunirse con Izanagi en la hermosa Tierra. Su espíritu salió a su encuentro y, con apremiantes y afectuosas palabras, le suplicó que no la buscara en esas regiones cavernosas. Pero el valiente dios no hizo caso del ruego. Siguió hacia delante y, con la luz de su peine, buscó a su amada largo tiempo y con fervor. Formas sombrías se levantaron para hacerle frente, pero las superó con desprecio de rey. Sonidos como de lamentos de almas perdidas golpeaban su oído, pero él seguía persistiendo. Tras una búsqueda sin fin, encontró a su Izanami acostada en una actitud de desesperación indecible, pero ella había cambiado tanto que él la tuvo que mirar fijamente a los ojos para reconocerla. Izanami estaba enojada porque Izanagi no había escuchado sus súplicas, porque sabía cómo de estéril sería su esfuerzo. Sin la autorización del gobernante del Inframundo, no podía volver a la Tierra, pues ella trató en vano de obtener su consentimiento.

Izanagi, apremiado por los ochos monstruos que custodian la Tierra de las Sombras, tuvo que huir para salvar su vida. Él se defendió valientemente con su espada, luego arrojó su tocado y éste se transformó en racimos de uvas moradas; se colocó detrás el peine, por medio del cual había obtenido la luz, y del mismo surgieron brotes tiernos de Bambú. Mientras los monstruos devoraban con entusiasmo las deliciosas uvas y los brotes tiernos, Izanagi ganó el amplio tramo de escalones que conducían a la Tierra. Al final, él se detuvo y gritó a Izanami: «Toda esperanza en nuestro reencuentro se ha marchitado. La separación debe ser eterna.»

Mucho más allá de donde estaba Izanagi se extendía el océano y, sobre su superficie, se reflejaba el rostro de su bien amada hija, Amaterasu. Ella parecía hablar, rogándole que se purificara en las grandes aguas del mar. Cuando se bañó, sus heridas se curaron y una sensación de paz infinita se apoderó de él.

La vida y obra del Creador de la Tierra concluyó entonces. Otorgó el mundo a sus hijos y, después, cruzó por última vez el colorido Puente del Cielo. El Dios del Aire ahora pasa sus días junto al Espíritu Celestial Resplandeciente, en su glorioso palacio solar.

La diosa del sol

AMA-TERASU, la Diosa del Sol, permanecía sentada en la Llanura Azul del Cielo. Su luz llegó como un mensaje de alegría a las deidades celestiales. La orquídea y el iris, el cerezo y el ciruelo, el arroz y los campos de cáñamo respondieron a su sonrisa. El Mar Interior se veló de ricos y tibios colores.

Susa-no-o, el hermano de Ama-terasu, quien había renunciado a su cetro del océano y que ahora reinaba como Dios Lunar, estaba celoso de la gloria de su hermana y de su dominio del mundo. El Espíritu Resplandeciente del Cielo susurraba y se le escuchaba en todo su reino, incluso en las profundidades de un claro pozo y en el corazón del cristal. Sus campos de arroz, ya estuvieran situados en la ladera de la colina o en el valle protegido por el arroyo, producían abundantes cosechas y sus bosques estaban cargados de frutos. Pero la voz de Susa-no-o no era tan clara, su sonrisa no era tan radiante. Los campos ondulantes que estaban alrededor de su palacio unas veces se inundaban, otras se resecaban, y sus cultivos de arroz eran destruidos con frecuencia. La ira y los celos del Dios de la Luna no conocían límites, sin embargo, Ama-terasu fue infinitamente paciente y le perdonó muchas cosas.

En una ocasión, como era su costumbre, la Diosa del Sol se sentó en el patio central de su glorioso hogar. Ella manejaba su lanzadera[2]. Danzantes doncellas celestiales rodearon una fuente cuyas aguas eran fragantes como la divina flor de loto: ellas cantaron a la suavidad de las nubes y del viento y al elevado cielo. De repente, el cuerpo de un caballo picazo cayó a sus pies a través de la cúpula: el *Amado de los Dioses* había sido *desollado* por la envidia de Susa-no-o. Ama-terasu, temblando ante tan horrible visión, se punzó el dedo con la aguja de tejer y, profundamente indignada por la crueldad de su hermano, se retiró a una cueva y cerró tras ella la puerta de la Morada Celestial de Roca.

---

[2] Pieza del telar, alargada y puntiaguda, que lleva un carrete de hilo en su interior y que utilizan los tejedores haciéndola correr a uno y otro lado del telar, entrecruzando los hilos de la trama con los de la urdimbre para formar el tejido.

El universo se sumió en la oscuridad. La alegría y la buena voluntad, la serenidad y la paz, la esperanza y el amor, se desvanecieron con la luz menguante. Los malos espíritus, que hasta entonces se habían agazapado entre las tinieblas, salieron y vagaron por la Tierra. Sus sombrías risas y sus tonos discordantes sembraron el terror en todos los corazones.

Fue entonces cuando los dioses, temiendo por su seguridad y por la vida de todo lo bello, se reunieron en el lecho del Río Tranquilo del Cielo, cuyas aguas se habían secado. Todos y cada uno sabían que Ama-terasu les podría ayudar. Pero, ¿cómo podían convencer al Espíritu Celestial Resplandeciente de poner pie en ese mundo de tinieblas y de luchas? Cada dios estaba dispuesto a ayudar y se ideó un plan para tentarla a salir de su escondite.

Ame-no-ko arrancó los árboles sagrados *sakaki*[3] que crecían en la Montaña del Cielo y los plantó alrededor de la entrada de la cueva. Alta, en las ramas superiores, colgó la cadena de preciosas joyas curvas que Izanagi había concedido a la Diosa del Sol, de raro metal de la

---

[3] *Cleyera japónica*, árbol de hoja perenne que se encuentra en áreas cálidas de Japón, China y Corea. Es sagrado para la religión Shinto, junto al *hinoki*. Se lo considera la residencia de los *kami* y en ellos se erigen altares.

mina celestial. Su superficie pulida era como el brillo deslumbrante del sol. Otros dioses tejieron, a partir de hilos de cáñamo y papel de morera, un manto imperial blanco y azul que fue colocado, como una ofrenda a la diosa, en las ramas bajas de los *sakaki*. Un palacio se rodeó por un jardín en el que el Dios de la Flor llamó a las delicadas plantas y flores.

Todo estaba listo. Ame-no-ko dio un paso adelante y, en voz alta, suplicó a Ama-terasu para que se mostrara. Su apelación fue en vano. La gran fiesta comenzó. Uzume, la Diosa de la Alegría, llevó la danza y el canto. Hojas del árbol de husillo coronaban su cabeza; *agujas de pinos*[4] del monte celestial de Kagu formaban su fajín; sus anchas mangas estaban atadas con la enredadera de la vid; y en su mano llevaba las hojas del bambú salvaje y ondeaba una varita de hierba solar de la que colgaban melodiosas campanas. Uzume tocó una flauta de bambú, mientras que las ochocientas miríadas de dioses la acompañaban con tablillas de madera e instrumentos de arco formados por cadenas, a través de los cuales brotaron rápidamente tallos de caña y pastos. Grandes hogueras se encendieron alrededor de la cueva y, como éstas se reflejaban en la superficie del espejo, *los*

---

[4] *Licopodios*. Planta medicinal.

pájaros cantadores de la noche eterna piaron como si el día hubiese amanecido. La alegría aumentó. El baile creció más salvaje y agreste, y los dioses se echaron a reír hasta que los cielos se estremecieron como si tronara.

Ama-terasu, en su tranquilo retiro, escuchaba, impasible, el canto de los gallos y los sonidos de la música y el baile, pero cuando los cielos se estremecieron con la risa de los dioses, se asomó desde su cueva y les dijo: «¿Qué significa esto? Pensé que el cielo estaba en oscuridad, pero ahora hay luz. Uzume baila y todos los dioses se ríen.» Uzume respondió: «Son verdaderas la danza y las risas de los dioses, porque entre nosotros hay una diosa cuyo esplendor es igual al tuyo. ¡Hela aquí!» Ama-terasu se miró en el espejo y se sorprendió mucho cuando vio en él una diosa de belleza sin igual. Salió de la cueva y de inmediato un cordón de paja se cruzó en la entrada. La oscuridad huyó de la Tierra Central de los Llanos de Juncos y se hizo la luz. Entonces las ochocientas miríadas de dioses gritaron: «¡Oh, que nunca nos deje de nuevo la Diosa del Sol!».

Los mensajeros celestiales

LOS dioses, desde la Llanura del Alto Cielo, dirigieron su mirada hacia abajo y advirtieron que los espíritus malignos de la Tierra poblaban el mundo inferior. Ni de día ni de noche había paz allí. A Oshi-homi, cuyo nombre es Sus Augustas Grandes-Grandes-Orejas Celestiales, se le ordenó descender y gobernar la Tierra. Al poner pie en el Puente Flotante, escuchó lucha y confusión, por lo que regresó y dijo: «quiero que se elija a otra deidad para que haga este trabajo». Entonces el Gran Espíritu Celestial y Ama-terasu convocaron a las ochocientas miríadas de dioses en el lecho del Río Tranquilo de los Cielos. La Diosa del Sol dijo: «En la Tierra Central de los Llanos de Juncos hay problemas y desorden. Una deidad ha de descender para preparar la Tierra para nuestro nieto, el Príncipe del Arroz Abundante, que ha de regir sobre ella. ¿A quien vamos a enviar?»

Las ochocientas miríadas de dioses replicaron: «Que vaya Ame-no-ho a la Tierra».

Ame-no-ho descendió al mundo inferior. Allí no se sentía muy feliz por la tarea que le encomendaron las deidades celestiales. Vivió entre los espíritus de la Tierra y la confusión continuó reinando.

Durante tres años el Gran Espíritu Celestial y Ama-terasu esperaron noticias, pero éstas no llegaron. Entonces dijeron: «Vamos a enviar a Ame-waka, el Joven Príncipe Celestial. Él seguramente cumplirá nuestra voluntad». En sus manos pusieron el gran arco largo celestial y las flechas celestiales que vuelan directas a su blanco. «Con éstas harás la guerra contra los malvados espíritus y llevarás el orden a la Tierra». Pero cuando el Joven Príncipe se posó en la orilla del mar, un bello espíritu de la Tierra, la Princesa de la Luminosa Hermosura, se mostró ante él. Su hermosura lo embrujó. La miró y no pudo retirar sus ojos. Pronto se casaron. Pasaron ocho años. El Joven Príncipe gastó el tiempo en juergas y fiestas. Ni una sola vez intentó establecer la paz y el orden y, además, quiso ponerse a la cabeza de los espíritus de la Tierra para desafiar a los dioses celestiales y gobernar sobre la Tierra de las Llanuras de los Juncos.

Una vez más se reunieron las ochocientas miríadas de dioses en el lecho del Río Tranquilo de los Cielos. La Diosa del Sol dijo: «Nuestro enviado permanece en el mundo inferior. ¿A quién vamos a enviar para investigar la causa de este hecho?» Los dioses ordenaron a una fiel faisán: «Ve donde Ame-waka y di: `Las Deidades Celestiales te enviaron a la Tierra Central de los Llanos de Juncos para someter y apaciguar a los dioses de esa tierra. Durante ocho años has permanecido en silencio. ¿Cuál es la causa?'» La faisán voló rauda a la Tierra y, sobre las gruesas ramas de un árbol de acacia, se situó ante la puerta del palacio del Príncipe. Ella repitió cada palabra de su mensaje, pero no hubo respuesta. Ahora Ama-no-sagu, la Celestial Mujer-acechadora, escuchó la llamada de la faisán, se dirigió al Príncipe Jove, y le dijo: «El grito de esta ave es un mal presagio. Toma tu arco y las fechas y mátala». Entonces Ame-waka, enfurecido, acertó al pájaro en el corazón.

La flecha celestial voló alto. Veloz como el viento corría por el aire, atravesó las nubes y cayó a los pies de la Diosa del Sol, que estaba sentada en su trono.

Ama-terasu vio que era una de las flechas que habían sido confiadas al Joven Príncipe y que las plumas estaban manchadas de sangre.

Luego tomó la flecha en sus manos y la lanzó hacia adelante: «Si ésta es una flecha disparada por nuestro mensajero a los espíritus malignos, que no alcance al Príncipe Celestial. Si tiene un corazón vil, que lo pierda».

En ese momento, Ame-waka se encontraba descansando tras la Fiesta de la Cosecha. La flecha voló directa hacia su blanco y le traspasó el corazón mientras dormía. La Princesa de la Luminosa Hermosura gritó cuando vio el cuerpo sin vida del Joven Príncipe. Sus gritos se elevaron hasta los cielos. Entonces el padre de Ame-waka levantó una gran tormenta y el viento llevó el cuerpo del Joven Príncipe a la Llanura Azul. Un gran altar mortuorio fue construido y, durante ocho noches, hubo llanto y lamentación. El ganso salvaje del río, la garza, el martín pescador, el gorrión y el faisán lloraron en el gran velatorio.

Cuando Aji-shi-ki llegó para llorar a su hermano, su rostro era tan parecido al del Joven Príncipe que sus padres se abalanzaron sobre él y dijeron: «¡Mi niño no está muerto, no! ¡Mi señor no está muerto, no!» Sin embargo, Aji-shi-ki se enojó pues le habían tomado por su hermano muerto. Desenfundó su sable de *diez empuñaduras* y destrozó el altar, dispersando sus restos en el viento.

Entonces las deidades celestiales dijeron: «Take-Mika ha de descender y someter a esta tierra agitada». Con la compañía de Tori-bune, Take-Mika partió y llegó a la costa de Inasa, en el país de Idzumo. Desenfundaron sus espadas y las colocaron en las crestas de las olas. Sobre las puntas de sus espadas se sentaron Take-Mika y Tori-bune, con las piernas cruzadas: así hicieron la guerra contra los espíritus de la Tierra y los sometieron. Con la Tierra una vez pacificada, cumplieron su misión y regresaron a la Llanura del Alto Cielo.

El Príncipe del Arroz abundante

AMA-TERASU, desde su glorioso y solar palacio, se dirigió a su nieto, Ninigi, el Príncipe de las Espigas exuberantes de arroz: «Tienes que bajar de tu Asiento de Roca Celestial y gobernar la Tierra de las Espigas frescas de arroz». Ella le dio muchos regalos: piedras preciosas de los peldaños de la montaña celestial, bolas de cristal de la blancura más pura y la espada-nube, la cual su hermano, Susa-no-o, había obtenido de la cola del terrible dragón. También confió a Ninigi el espejo cuyo esplendor la había seducido desde la cueva y le dijo: «Guarda este espejo fielmente; cuando escudriñes en él, verás mi rostro». Se encomendó a una serie de deidades acompañar al Príncipe de las Espigas exuberantes de arroz, entre ellas a la hermosa Uzume, que había bailado hasta que los cielos se estremecieron con la risa de los dioses.

La gran compañía apareció de entre las nubes. Ante ellos, en el camino celestial de las ocho capas, había una deidad de estatura gigantesca, con ojos grandes y ardientes. El valor de los dioses falló ante su presencia y se volvieron atrás. Sin embargo, la serena Uzume se dirigió sin miedo al gigante y dijo: «¿Quién es el que impide nuestro descenso del Cielo?» La deidad, complacida por el gesto amable de la diosa, respondió: «Yo soy un espíritu amistoso de la Tierra, la Deidad de los Caminos. Vengo a presentarme ante Ninigi para rendirle tributo y ser su guía. Volved y decid al augusto Dios que el Príncipe de Saruta lo saluda. Yo soy ese Príncipe, oh Uzume». La Diosa de la Alegría se regocijó enormemente cuando oyó estas palabras y dijo: «La compañía de los dioses procederá hacia la Tierra; allí te será dado a conocer a Ninigi». A continuación la Deidad de los Caminos dijo: «Que el ejército de los dioses se pose en la montaña de Takachihi, en el país de Tsukushi. En su cima los estaré esperando».

Uzume regresó ante los dioses y entregó el mensaje. Cuando el Príncipe de las Espigas exuberantes de arroz hubo oído sus palabras, se abrió camino a través de las nubes amontonadas en ocho capas y flotó sobre el Puente del Cielo hasta la cumbre de Takachihi.

Ninigi, con el Príncipe de Saruta como guía, viajó a través del reino sobre el que iba a gobernar. Vio las montañas y los lagos, las grandes planicies de juncos y los enormes bosques de pinos, los ríos y los valles. Entonces dijo: «Es una tierra en la que el sol de la mañana brilla directamente, una tierra que el sol del atardecer ilumina. Así que éste es un lugar excesivamente bueno». Cuando hubo dicho esto, construyó un palacio. Los pilares se apoyaban en las raíces de las rocas y las vigas transversales se elevaron hasta la Llanura del Alto Cielo. En este palacio habitó Ninigi.

Una vez más habló Ninigi: «El Dios de los Caminos ha de regresar a su hogar. Ha sido nuestro guía, por lo tanto ha de desposarse con la hermosa diosa Uzume, quien ha de sentirse orgullosa de ser la sacerdotisa de su montaña». Uzume obedeció las órdenes de Ninigi, sintiéndose honrada de emparejarse con Saruta por su coraje, su alegría y su belleza.

Sucedió que el Hijo de los Dioses caminaba a lo largo de la costa del mar cuando vio a una doncella de superior belleza. Él la habló, y dijo: «¿Por cual nombre se te conoce?» y ella respondió: «Yo soy la hija de la Deidad Poseedora de la Gran Montaña y mi nombre es Ko-no-hane, la Princesa del Árbol en Flor».

Ninigi amó a la hermosa Princesa. Fue a donde el Espíritu de las Montañas y pidió su mano. Pero Oho-yama tenía una hija mayor, Iha-naga, la Princesa Eterna como las Rocas, la cual era menos hermosa que su hermana. Él deseaba que los vástagos del Príncipe de la Abundancia vivieran eternamente como las rocas y que brotasen como las flores de los árboles. Por lo tanto Oho-yama envió a sus dos hijas a Ninigi, ricamente vestidas y con presentes maravillosos. Ninigi amaba a la bella princesa Ko-no-hane. No quiso ni mirar a Iha-naga y ésta gritó con ira: «Si me hubieras elegido, tú y tus hijos habríais vivido mucho tiempo sobre la Tierra; pero como amas a mi hermana, todos tus descendientes perecerán como la flor de los árboles». Por eso la vida humana es tan corta comparada con la de los pueblos tempranos, que eran deidades.

Durante un largo tiempo, Ninigi vivió feliz junto a la Princesa del Árbol en Flor; entonces, una nube apareció sobre sus vidas. Ko-no-hane tenía una delicada gracia, la frescura de la mañana, el sutil encanto de la flor de cerezo. Ella amaba el sol y el suave viento del Oeste. Le encantaba la lluvia fresca y la noche tranquila de verano. Pero Ninigi se puso celoso. Iracunda, la Princesa del Árbol en Flor se retiró a su palacio, cerró la puerta y le prendió fuego. Las llamas se elevaron más y más. Ninigi miraba con inquietud. Mientras observaba, tres niños pequeños surgieron con alborozo de entre las llamas y llamaron a su padre. El Príncipe del Arroz Abundante se alegró de nuevo y, cuando vio a Ko-nohame, ilesa, dirigiéndose a él, rogó su perdón. Llamaron a sus hijos Ho-deri, Fuego Centelleante; Ho-sueri, Fuego Culminante; y Ho-wori, Fuego Oculto.

Después de muchos años, Ninigi dividió su reino entre dos de sus hijos. Entonces, el Príncipe del Arroz Abundante regresó a la Llanura del Alto Cielo.

El Palacio del Lecho Oceánico

HO-WORI, el Príncipe del Fuego Oculto, el hijo de Ninigi, era un gran cazador. Capturó *criaturas de cabello rudo* y *criaturas de cabello suave*. Su hermano mayor, Ho-Deri, el Príncipe del Fuego Centelleante, era un pescador que capturaba *criaturas de aletas anchas* y *criaturas de aletas estrechas*. Pero, a menudo, cuando soplaba el viento y las olas eran altas, pasaba horas en el mar y sin coger pez alguno. Cuando el Dios de la Tormenta estaba lejos, Ho-Deri se quedada en su hogar, mientras que al caer la noche Ho-Wori regresaba cargado con el botín de las montañas. Ho-Deri habló con su hermano y le propuso lo siguiente: «Me gustaría tener tu arco y flechas y convertirme en un cazador. Tu tendrás mi anzuelo». Al principio, Ho-Wori no estuvo de acuerdo, pero finalmente aceptó el cambio.

Ahora el Príncipe del Fuego Centelleante no era cazador. No podía seguir el rastro, ni correr con rapidez, ni tener buena puntería. Día tras día el Príncipe del Fuego Oculto salía a la mar. En vano lanzaba el sedal: no capturaba pez alguno. Además, un día perdió el anzuelo de su hermano. Entonces Ho-Deri fue a donde Ho-Wori y dijo: «No es la suerte de la montaña ni es la suerte del mar. Que cada uno restaure la suerte del otro». Ho-Wori respondió: «No aprehendí un solo pez con tu anzuelo y ahora está perdido en el mar». El hermano mayor se enojó mucho y, con duras palabras, exigió la devolución de su tesoro. El Príncipe del Fuego Oculto no era feliz. Hizo pedazos su valiosa espada y fabricó quinientos anzuelos que ofreció a su hermano. Pero esto no apaciguó la ira del Príncipe del Fuego Centelleante, que seguía enfurecido y exigió su anzuelo.

Ho-Wori no podía encontrar ni consuelo ni ayuda. Se sentó un día junto a la orilla y dejó escapar un profundo suspiro. El Hombre viejo del Mar escuchó el suspiro y le preguntó la causa de su dolor. Ho-Wori le habló de la pérdida del anzuelo y del disgusto de su hermano. Entonces el hombre sabio se comprometió a ofrecer su ayuda. Trenzó tiras de bambú tan bien unidas que el agua no podía pasar y con la misma forma de un pequeño bote. A este bote saltó Ho-Wori, que lo llevó mar adentro.

Después de un tiempo, como el anciano había predicho, su bote comenzó a hundirse. Más y más profundo se iba hundiendo, hasta que por fin llegó a un brillante palacio de escamas de pez. Frente al mismo había un pozo, a la sombra de un gran árbol de acacia. El Príncipe del Fuego Oculto se sentó entre las anchas ramas. Miró hacía abajo y contempló a una doncella acercándose al pozo que, en su mano, llevaba un cuenco de piedras preciosas. Ella era la bella Toyo-tama, la Joya sin par, la hija de Wata-tsu-mi, el Rey del Mar. Ho-Wori quedó prendado del hechizo de su belleza que era como el de una ola; de su cabello largo y suelto, de sus suaves ojos azules. La doncella se inclinó para llenar su cuenco. De repente vio el reflejo del Príncipe del Fuego Oculto en el agua y soltó el plato precioso, que se rompió en mil pedazos. Toyo-tama se apresuró a presentarse ante su padre y exclamó: «Un hombre, con la gracia y la belleza de un dios, se sienta en las ramas del árbol de acacia. Yo he visto su imagen en las aguas del pozo». El Rey del Mar sabía que debía ser el gran cazador, el Príncipe del Fuego Oculto.

Entonces Wata-tsu-mi salió y se puso bajo el árbol de acacia. Levantó los ojos hacia Ho-Wori y dijo: «Ven, Hijo de los Dioses, y entra en mi Palacio del Lecho Oceánico». Ho-Wori obedeció y fue llevado al palacio y sentado en un trono de pieles de lubina. Un banquete fue preparado en su honor. Los *hashi*[5] eran de delicadas ramas de coral y los platos eran de plateada madreperla. El vino se tomó a sorbos de una copa de flores del mar y de tallos largos y delgados. Ho-Wori pensaba que nunca antes se había visto en semejante banquete. Cuando terminó se fue con Toyo-tama a la bóveda del palacio. Vagamente, a través de las aguas azules que se movían por encima, él podía discernir a la Diosa del Sol. Vio las montañas y los valles de los océanos, los ondulantes bosques de plantas marinas, los hogares del *shake*[6] y del *kani*[7].

Ho-Wori habló a Wata-tsu-mi de la pérdida del anzuelo. A continuación, el Rey del Mar llamó a todos sus súbditos y les preguntó uno a uno. No había pez con el anzuelo, pero dijo la langosta: «Un día de estos, cuando me encontraba sentada en mi grieta, entre las rocas,

---

[5] Palillos japoneses para comer.
[6] Salmón.
[7] Cangrejo.

el *tai*[8] pasó cerca de mí, su boca estaba hinchada y no me saludó». Wata-tsu-mi se dio cuenta entonces de que el tai no había respondido a su llamada. Un mensajero, una flota de aletas, fue enviado a buscarlo. Cuando el tai apareció, el anzuelo perdido fue encontrado en su pobre y herida boca. Fue devuelto a Ho-Wori y éste fue feliz. Toyo-tama se convirtió en su esposa y vivieron juntos en el fresco palacio de escamas de pez.

El Príncipe del Fuego Oculto llegó a comprender los secretos del océano, la causa de su ira, la causa de su alegría. El Espíritu de la Tormenta del mar superior no dominaba el lecho oceánico y, noche tras noche, Ho-Wori era mecido por el suave movimiento de las aguas hasta quedarse dormido.

Muchas mareas habían ido y venido cuando, en la quietud de la noche, Ho-Wori dejó escapar un profundo suspiro. Toyo-tama se turbó y dijo a su padre que Ho-Wori soñaba con su casa en la Tierra; un gran anhelo se había apoderado de él para visitarla una vez más. Entonces Wata-tsu-mi depositó en las manos de Ho-Wori dos grandes joyas, una para gobernar el flujo y la otra para dominar el

---

[8] Dorada (*Sparatus aurata*), pez del genero *Sparus* muy conocido en la cocina española.

reflujo de la marea. Él habló así: «Retorna a la Tierra sobre la cabeza de mi fiel dragón marino. Devuelve el anzuelo perdido a Ho-Deri. Si todavía está enojado contigo, muestra la joya de la corriente de flujo y las aguas lo cubrirán… Si te pide perdón, muestra la joya de la marea menguante y le irá bien».

Ho-Wori abandonó el Palacio del Lecho Oceánico y fue llevado rápidamente a su tierra. Tan pronto como puso pie en la orilla, desenvainó su espada y la ató alrededor del cuello de dragón marino. Entonces el dijo: «Tómala, Rey del Mar, como muestra de mi amor y gratitud».

Otoño Primavera

UNA HERMOSA doncella dormía en un arrozal. El sol se encontraba en su cenit y ella estaba cansada. Entonces un dios miró hacia abajo, hacia el campo de arroz. Él sabía que la beldad de la doncella venía de su interior, que reflejaba la belleza de los sueños celestiales. Él sabía que incluso ahora, mientras ella sonreía, conversaba con el espíritu del viento o con las flores.

El dios descendió y preguntó a la doncella de ensueño, queriendo convertirla en su esposa. Ella se alegró y se casaron. Una maravillosa joya de color rojo surgió de su felicidad.

Mucho, mucho tiempo después, la piedra fue encontrada por un agricultor, que vio que era una joya muy rara. La apreciaba mucho y siempre la llevaba consigo. A veces, mientras la miraba a la pálida luz de la luna, le parecía que podía distinguir dos ojos brillantes en sus profundidades. Una y otra vez, en la quietud de la noche, se despertaba y pensaba que una voz suave y clara lo llamaba por su nombre.

Un día, el agricultor tuvo que llevar el almuerzo a sus trabajadores en el campo. El sol era muy fuerte, por lo que cargó una vaca con los cuencos de arroz, las albóndigas de mijo y las alubias. De repente, se encontró con el Príncipe Ama-boko en el camino. Éste se enojó mucho porque pensaba que el agricultor estaba a punto de matar a la vaca. El Príncipe no escuchó ni una palabra de negación, aumentando su ira. El campesino se aterró más y más, y, finalmente, tomó la piedra preciosa de su bolsillo y la presentó como una ofrenda de paz al poderoso Príncipe. Ama-boko se maravilló con el brillo de la joya y permitió que el hombre continuara su viaje.

El Príncipe regresó a su hogar. Sacó el tesoro y lo transformó de inmediato en una diosa de incomparable belleza. A pesar de que ella se levantó antes que él, la amaba, y se casaron antes de que la luna se desvaneciera. La diosa hizo todo lo que él deseaba. Preparó delicados platos, el secreto de los cuales solo es conocido por los dioses. Hizo vino de una miríada de hierbas, vino como el que los mortales nunca han degustado.

Pero, después de un tiempo, el Príncipe se volvió orgulloso y arrogante. Empezó a tratar a su fiel esposa con cruel desprecio. La diosa se entristeció y le dijo: «No eres digno de mi amor. Te dejaré y me iré donde mi padre». Ama-boko no prestó atención a estas palabras, porque no creía que la amenaza se fuera a cumplir. Sin embargo, la bella diosa iba en serio. Se escapó de palacio y huyó hacia Naniwa, donde todavía se venera a Akaru-hime, la Diosa de la Luz.

El Príncipe se enojó cuando se enteró que la diosa le había abandonado, y salió en su búsqueda. Pero cuando él se acercaba a Naniwa, los dioses no le permitieron que su embarcación entrara en el paraíso. Entonces supo que para él su preciosa joya roja se había perdido para siempre. Condujo su barco hacia la costa Norte de Japón y desembarcó en Tajima. Aquí fue muy bien recibido y muy estimado por los tesoros que había traído con él. Había costosas cadenas de perlas, fajas de piedras preciosas y un espejo al que el viento y las olas obedecían. El Príncipe Ama-boko vivió en Tajima y fue el padre de una poderosa raza.

Entre los hijos de sus hijos había una princesa tan famosa por su belleza que ochenta pretendientes pidieron su mano. Uno tras otro regresaban a sus hogares con dolor, ya que ninguno hallaba gracia ante sus ojos. Por fin, dos hermanos se presentaron ante ella, el joven Dios del Otoño y el joven Dios de la Primavera. El mayor de los dos, el Dios del Otoño, le ofreció su mano. Pero la princesa lo rechazó. Éste se dirigió a su hermano menor y le dijo: «La princesa no me quiere, y ni tu vas a ser capaz de ganar su corazón». Pero el Dios de la Primavera se llenó de esperanza y respondió: «Te daré un tonel de vino de arroz si no la gano, pero si ella consiente en ser mi esposa, tú me darás un barril de *saké*».

El Dios de la Primavera fue a donde su madre y le contó todo. Ella le prometió su ayuda. Entonces le tejió, en una sola noche, una túnica y unas sandalias de los brotes sin abrir de lilas y glicinas blancas. De las delicadas flores ella creó un arco y flechas. Así vestido, el Dios de la Primavera se dirigió a la bella princesa.

Cuando se presentó ante la doncella, cada capullo de flor se abrió, y desde el corazón de cada flor brotó una fragancia que llenó el aire. La princesa se regocijó mucho y le concedió su mano al Dios de la Primavera.

El hermano mayor, el Dios del Otoño, se llenó de ira cuando escuchó cómo su hermano había obtenido el maravilloso manto. Se negó a entregar el barril de *saké* prometido. Cuando su madre se enteró de que el dios había roto su palabra, colocó piedras y sal en el hueco de una caña de bambú, lo envolvió todo con hojas de bambú y lo puso a ahumear. Entonces pronunció una maldición sobre su hijo primogénito: «A medida que las hojas se marchitan y desaparecen, tú también debes. Como la sal del mar decae, tú también debes. Como las piedras de hunden, tú también debes».

La terrible maldición cayó sobre el hijo. Mientras que el Dios de la Primavera se mantiene siempre joven, siempre aromático, siempre lleno de alegría, el Dios del Otoño es viejo, se marchita y es triste.

Los amantes de las estrellas

SHOKUJO, hija del Sol, vivía con su padre a las orillas del Río de Plata del Cielo, ese que llamamos Vía Láctea. Ella era una hermosa doncella, elegante y atractiva, y sus ojos eran como los de una paloma. Su amoroso padre, el Sol, se veía muy preocupado pues Shokujo no participaba de los placeres de juventud de las hijas del aire. Una suave melancolía parecía anidar en ella, pero nunca se cansó de trabajar por el bien de los demás y, sobre todo, en su telar; de hecho, se la llegó a conocer como la Princesa Tejedora.

El Sol acordó que si pudiera dar a su hija en matrimonio, todo estaría bien; su amor latente se encendería e iluminaría todo su ser y expulsaría al espíritu pensativo que la oprimía. Vivía cerca de allí un *Kingen*, un recto y honesto pastor que llevaba sus reses hasta los bordes de la Corriente Celestial. El Rey Sol propuso otorgar su hija a Kingen, pensando de esta manera proporcionarla felicidad y, al mismo tiempo, mantenerla cerca de él. Cada estrella brilló de aprobación y hubo alegría en los Cielos.

El amor que unía a Shokujo y a Kingen, el uno por el otro, fue grande. Con su despertar, Shokujo abandonó sus antiguas ocupaciones, el diligente trabajo en el telar, pero se reía y bailaba y cantaba, y era alegre de la mañana a la noche. El Rey Sol estaba muy triste, pues él no había previsto un cambio tan grande. La ira apareció en sus ojos y dijo: «Kingen es sin duda la causa; he de desterrarlo al otro lado del Río de las Estrellas».

Cuando Shokujo y Kingen escucharon que iban a ser separados, de acuerdo con el decreto del Rey, y que solo una vez al año podrían verse, sus corazones sintieron pena hasta la séptima noche del séptimo mes. El adiós entre ellos fue muy triste y gruesas lágrimas brotaron de los ojos de Shokujo mientras se despedía de su amante esposo. En respuesta a la petición del Rey Sol, miles de urracas se reunieron y extendieron sus alas, formando un puente por el que Kingen cruzó el río del cielo. En el momento en que su pie tocó la otra orilla, los pájaros se dispersaron con ruidoso parloteo, dejando al pobre Kingen en su solitario exilio. Miró con nostalgia hacia la sollozante figura de Shokujo, que permanecía desconsolada en el umbral de su casa.

Largos y fatigosos fueron los siguientes días, que pasaron para Kingen guiando sus bueyes, para Shokujo manejando su lanzadera. El Rey Sol se alegró por la labor de su hija. Al caer la noche y cuando los cielos brillaban con incontables luces, los amantes solían, de pie en cada orilla de la corriente celestial, dejar flotar dulces y tiernos mensajes, mientras cada uno pronunciaba una oración por la pronta venida de la maravillosa noche.

El tan esperado mes y día se acercaba, y los corazones de los amantes se embargaban de preocupación por la posibilidad de que lloviera, que el Río de Plata, rebosante en todo momento, desbordado durante la estación, barriera el puente aviar.

El día amaneció brillante, sin nubes. Creció y menguó, y una a una las lámparas del cielo se encendieron. Al caer la noche las urracas se congregaron y Shokujo, temblando de alegría, cruzó el estrecho puente y cayó en los brazos de su amante. Su éxtasis fue como la alegría de la flor marchita cuando la gota de lluvia cae sobre ella; mas el momento de la despedida vino pronto y Shokujo volvió triste sobre sus pasos.

Un año sigue al otro y los amantes todavía se encuentran en esa estrellada tierra lejana durante la séptima noche del séptimo mes, salvo cuando la lluvia aumenta el caudal del Río de Plata y es imposible cruzarlo. La esperanza de una reunión para siempre sigue llenando los corazones de los amantes estelares que para ellos es como una fragancia dulce y una hermosa visión.

La Isla de la Eterna Juventud

MUCHO más allá del horizonte gris y tenue, en algún lugar del Ignoto tenebroso, se encuentra la Isla de la Eterna Juventud. Los habitantes de la costa rocosa del Mar del Este del Japón cuentan que, a veces, un árbol maravilloso se puede discernir por encima de las olas. Es el árbol que se ha mantenido por todas las Edades en el pico más alto de Fusan, la Montaña de la Inmortalidad. Los hombres se regocijan cuando pueden otear sus ramas, aunque la visión sea fugaz como lo es durante el alba. En la isla se da la primavera sin fin: el aire siempre es dulce y el cielo azul. El rocío celestial cae suavemente en cada árbol y enramada, y lleva con él el secreto de la eternidad. La blanca y delicada brionia nunca pierde la frescura del primer día, el lirio rojo no puede decolorarse. Etéreas flores rosadas envuelven las ramas del *sakuranoki*[9]; el fruto colgante de la naranja no tiene trazas de edad. Irises, violetas y amarillos y azules delimitan el estanque en cuya superficie flotan las flores de loto celestialmente coloreadas. Día tras día los pájaros cantan sobre el amor y la alegría. La tristeza y el dolor son desconocidos, la muerte no llega hasta aquí. El Espíritu de esta isla es el que susurra a la dormida Primavera por toda la Tierra y la ordena que se levante.

Muchos valientes marinos han intentado alcanzar Horaizan, pero no han llegado a sus costas. Algunos han sufrido el naufragio en el intento, otros han confundido los altos del Fuji-yama con los del bendecido Fusan.

Una vez vivía un cruel Emperador de la China. Tan tiránico era que la vida de su médico, Jofuku, estaba en constante peligro. Un día, Jofuku habló con el Emperador y le dijo: «Dadme un barco y navegaré hasta la Isla de la Eterna Juventud. Allí arrancaré la hierba de la inmortalidad y os la traeré; así podréis decidir sobre vuestro reino para siempre». El déspota escuchó las palabras con placer. Jofuku, totalmente equipado, zarpó y llegó a Japón, de allí se encaminó hacia el árbol mágico. Días,

---

[9] Árbol del cerezo.

meses y años pasaron. Jofuku parecía estar a la deriva en el mar del cielo, sin tierra a la vista. Por fin, a lo lejos, se levantó la tenue silueta de una colina, como nunca antes hubiera visto, y cuando vio un árbol en su cima, Jofuku sabía que se acercaba a Horaizan. Pronto llegó a sus costas y cayó como en un sueño. Cada pensamiento sobre el Emperador, cuyos días se prolongarían por el consumo de la hierba sagrada, dejó su mente. La vida en la hermosa isla fue tan gloriosa que no tenía ningún deseo de volver. Su historia es contada por Wasobiowe, un hombre sabio del Japón, que, solo entre los mortales, puede relacionarse con las maravillas de aquella tierra extraña.

Wasobiowe habitaba en las cercanías de Nagasaki. Él no amaba otra cosa que el pasar sus días en alta mar, pescando en su pequeña embarcación. Una vez, cuando la octava luna llena se elevó sobre el Japón, que es llamada *Luna de Grano*[10] y es la más hermosa de todas, Wasobiowe comenzó un largo viaje con el fin de estar ausente de Nagasaki durante las fiestas de la temporada. Con tranquilidad bordeó la costa y se regocijó con las audaces líneas de las rocas a la luz de la luna. Pero, sin previo aviso, negras nubes se arremolinaron sobre él. La

---

[10] Luna de la Alubia.

tormenta estalló, llovía a cántaros y la oscuridad cayó. Las olas lo azotaron con furor, y el pequeño barco fue conducido por el viento, veloz como una flecha. Tres días y sus noches duró el huracán. Al amanecer del cuarto día, el viento se amansó, el mar se calmó. Wasobiowe, que conocía el curso de las estrellas, vio que estaba muy lejos de su casa en Japón. Estaba a merced del dios de las mareas. Durante meses Wasobiowe comió los peces que atrapaba en su red, hasta que su barco derivó hacia unas oscuras aguas, donde ningún pez podía vivir. Remaba y remaba; su fuerza estaba casi agotada. La esperanza le había dejado, cuando, de repente, una brisa perfumada proveniente de tierra jugó sobre sus sienes. Se aferró a los remos y pronto su bote llegó a las costas de Horaizan. En cuanto desembarcó, se desvaneció todo recuerdo de los peligros y de las privaciones de la travesía.

Toda la isla hablaba acerca de la alegría y la luz del sol. El murmullo de la cigarra, el zumbido de las atrevidas libélulas, el canto verde brillante del árbol sonó en su oído. Dulces aromas vinieron desde las colinas cubiertas de pinos; en todas partes había un torrente de brillante color.

En ese momento un hombre se le acercó. No era otro que Jofuku. Habló a Wasobiowe y le contó cómo los elegidos por los dioses, que poblaban aquellas lejanas costas, llenaban sus días con la música, la risa y el canto.

Wasobiowe vivía felizmente en la Isla de la Eterna Juventud. No sabía nada del paso de los años, donde no había ni nacimiento, ni muerte, pues el tiempo transcurría ligero.

Pero, tras muchos cientos de años, el hombre sabio de Nagasaki se cansó de esta dichosa existencia. Echaba de menos la muerte, pero el oscuro río no fluye a través de Horaizan. Él seguía con nostalgia el vuelo de las aves, hasta convertirse en meros puntitos en el cielo. Un día habló con una cigüeña de blanco puro: «Yo sé que sólo los pájaros pueden salir de esta isla. Llévame, te lo ruego, a mi casa en Japón. Me gustaría verla una vez más y morir». Después montó sobre las alas extendidas de la cigüeña y fue llevado a través del mar y a través de muchas tierras extrañas, pobladas por gigantes, enanos y hombres de rostros níveos. Cuando hubo visitado todos los países de la Tierra, llegó a su amado Japón. En su mano llevaba una rama de naranjo que él mismo plantó. Ese árbol aún florece en el Imperio del Mikado.

Rai-Taro, el hijo del Dios del Trueno

A los pies de la montaña nevada de Haku-san, en la provincia de Echizen, vivían un campesino y su esposa. Eran muy pobres; de su pequeña franja de tierra de árida montaña no obtenían más que una escasa recolección al año, mientras que sus vecinos recogían en el valle dos abundantes cosechas. Con infinita paciencia, Bimbo trabajaba desde el canto del gallo hasta que los ladridos de los zorros le advertían que había caído la noche. Distribuyó su parcela de terreno en terrazas, rodeándola de presas, y desvió el curso del arroyo de la montaña que podría inundar sus campos. Pero cuando no había lluvia para engrosar el arroyo, la cosecha de Bimbo se malograba. A menudo, cuando se sentaba en la choza junto a su mujer, después de un largo día de duro trabajo, él la hablaba de sus problemas. Los campesinos estaban llenos de dolor pues no se les había concedido un niño. Deseaban adoptar un hijo, pero, con lo que tenían apenas era suficiente para cubrir sus propias y simples necesidades; el sueño no podía realizarse.

Un día maligno llegó cuando la tierra de Echizen se cuarteaba. No llovía. El arroyo se secó. Los jóvenes brotes de arroz se marchitaron. Bimbo suspiró profundamente sobre su obra. Miró hacia el cielo y rogó a los dioses que se apiadaran de él.

Tras muchas semanas de sol, el cielo se encapotó. Las nubes solo llegaron rápidamente desde el Oeste y se reunieron en enojados cúmulos. Un extraño silencio llenó el aire. Incluso la voz de las cigarras, que cantaban en los árboles durante el calor del día, enmudeció. Sólo se escuchaba el grito del halcón de la montaña. Un murmullo pasó por encima del valle y la colina, un ruido tenue de hojas: un suspiro por entre las agujas de los pinos. Futen, el Espíritu de la Tormenta, y Rai-den, el Dios del Trueno, estaban ausentes. Más y más se hundieron las nubes bajo el peso del dragón del trueno. La lluvia llegó en grandes gotas frías, luego en torrentes.

Bimbo se alegró y trabajó con firmeza para reforzar los diques y abrir los conductos de su granja.

¡Un vivo resplandor de relámpago, un poderoso rugido del trueno! Aterrorizado, casi ciego, Bimbo se puso de rodillas. Pensaba que las garras del dragón del trueno estaban sobre él. Pero salió ileso y dio las gracias a Kwan-non, la Diosa de la Piedad, que protege a los mortales de la ira del Dios del Trueno. En el lugar donde cayó el rayo, había un sonrosado niño lleno de vida, que abrió los brazos y balbuceó. Bimbo se sorprendió mucho y su corazón se alegró, pues sabía que los dioses habían escuchado y respondido a su nunca pronunciada oración. El feliz campesino tomó al niño y lo llevó bajo su capa de paja de arroz hasta la cabaña. Llamó a su esposa: «Alégrate, pues nuestro deseo se ha cumplido. Los dioses nos han enviado un niño. Vamos a llamarlo Rai-taro, el Hijo del Dios del Trueno, y lo criaremos como si fuera nuestro».

La buena mujer acogió con cariño al muchacho. Rai-taro amaba a sus padres adoptivos y creció respetuoso y obediente. No le importaba jugar con otros niños, pero siempre estaba feliz de trabajar en el campo con Bimbo, donde observaba el vuelo de las aves y escuchaba el sonido del viento. Mucho antes de que Bimbo pudiera discernir señal alguna de una tormenta que se avecinara, Rai-taro sabía que ésta estaba próxima. Cuando ésta se acercaba, fijaba sus ojos atentamente en los nubarrones, escuchaba con atención el redoble de los truenos, el torrente de la lluvia, y saludaba cada destello de un rayo con un grito de alegría.

Rai-taro llegó como un rayo de sol a la vida de los pobres campesinos. La buena suerte acompañó al agricultor desde el día en el que llevó al niño al hogar bajo su capa. El arroyo de la montaña nunca se secaba. La tierra era fértil y pudo reunir abundantes cosechas de arroz y recolecciones de mijo. Año tras año, su prosperidad se acrecentaba, hasta que Bimbo *el pobre*, se convirtió en Kanemochi *el próspero*.

Transcurrieron dieciocho veranos y Rai-taro aún vivía junto con sus padres adoptivos. De repente, no se sabe porqué, se quedó pensativo y triste. Nada podía animarlo. Los campesinos decidieron celebrar una fiesta en honor de su cumpleaños. Se convocaron a los vecinos y hubo gran regocijo. Bimbo contó muchos cuentos de otros días y, finalmente, de cómo Rai-taro vino a él entre la tormenta. Cuando terminó, una extraña mirada había en los ojos del Hijo del Dios del Trueno. Éste se puso de pie ante sus padres adoptivos y dijo: «Me habéis amado. Habéis sido fieles y amables, pero ha llegado el momento de que os deje. Adiós».

En un momento, Rai-taro se había ido. Una nube blanca flotaba hacia las alturas del Haku-san. A medida que se acercaba a la cima de la montaña, ésta tomó forma de un dragón blanco. Más alto aún se elevó el dragón, hasta que, finalmente, se desvaneció en un castillo de nubes.

Los campesinos miraron con nostalgia hacia el cielo. Esperaban que Rai-taro pudiera regresar, pero él se había unido a su padre, Rai-den, el Dios del Trueno, y no fue visto nunca más.

Las almas de los niños

SAI-NO-KAWARA, el Lecho Seco del Río de las Almas. Muy por debajo de las raíces de las montañas, muy por debajo del fondo del mar, está el curso de este río. Hace años llevaba las almas de los muertos a la Tierra de la Eterna Paz. Los malvados *oni*[11] se enojaron cuando vieron a los buenos espíritus que cruzaban el lecho del río, fuera de su alcance. Sus gargantas murmuraban maldiciones al fluir la corriente día a día, año a año. El alma blanca como la nieve de un tierno niño llegó hasta la orilla. Una canastilla con forma de flor de loto esperaba para llevar al pequeño con rapidez, a través de la oscura región cavernosa, hasta el reino de la felicidad. Los oni rechinaron los dientes. El espíritu de un hombre viejo y bondadoso, cuyo

---

[11] Oni (鬼) Demonios u ogros de la mitología japonesa que suelen ser formas humanoides gigantescas, con garras afiladas y cuernos.

corazón era joven, encontró el camino, a través de la horda de demonios, y flotó en el bote aviar celestial hasta el mundo desconocido. Los oni lo miraban con ira.

Sin embargo, los oni detuvieron el Río de las Almas en su nacimiento y los espíritus de los muertos debieron abrirse camino, sin ayuda, hasta el país que va mucho más allá.

Jizo, el que Nunca Duerme, es el dios que cuida de las almas de los niños pequeños. Está lleno de compasión, su voz es suave como la de las palomas en el monte Hasa; su amor es infinito, como las aguas del mar. Todos los niños en la Tierra de los Dioses le demandan ayuda y protección.

En Sai-no-Kawara, el Lecho Seco del Río de las Almas, están los espíritus de un sin número de niños. Bebés de dos y tres años de edad, de cuatro y cinco, niños de ocho y diez. Su llanto es doloroso de escuchar. Claman por la madre de los dio a luz. Claman por el padre que los apreciaba. Claman por el hermano y la hermana que los amaban. Su grito se escucha a lo largo del Sai-no-Kawara, un grito que sube y baja, y que cae y se levanta, rítmico e incesante. Estas son las palabras que lloran:

—*Chichi koishi! Haha koishi!*

Sus voces se enronquecen al gritar, y aún lloran:

—*Chichi koishi! Haha koishi!*

Mientras dura el día, lloran y reúnen piedras del lecho del río, amontonándolas a modo de orantes.

Una Torre de Oración por la dulce madre, tal y como ellos lloran.

Una Torre de Oración por el padre, tal y como ellos lloran.

Una Torre de Oración por el hermano y la hermana, tal y como ellos lloran.

Desde la mañana a la noche lloran:

Chichi koishi! Haha koishi! y amontonan las piedras de la oración.

Al caer la noche vienen los oni, los demonios, y dicen: «¿Por qué lloráis? ¿Por qué oráis? Vuestros padres no os pueden oír en el Mundo de Shaba. Vuestras oraciones se pierden en la lucha de lenguas. El lamento de vuestros padres en la Tierra es la causa de todas vuestras penas». Diciendo esto, los impíos oni derriban las Torres de Oración, una a una, y lanzan las piedras a las grandes cavernas rocosas.

Pero Jizo, con un gran amor en sus ojos, aparece y arropa a los más pequeños con su túnica. A los bebés que no pueden caminar, él extiende su *shakujo*[12]. Los niños del Sai-no-Kawara se reúnen a su alrededor y él les habla con dulces palabras de consuelo. Les levanta en brazos y los acaricia, porque Jizo es el padre y la madre de los pequeños que habitan en el Lecho Seco del Río de las Almas.

Entonces cesan en su llanto: dejan de construir las Torres de la Oración. La noche ha llegado y las almas de los niños duermen en paz, mientras que el Nunca Durmiente Jizo los protege.

---

[12] Largo bastón budista, rematado por una punta metálica adornada por varios aretes, el cual se puede emplear como lanza.

La Doncella de la Luna

TEMPRANA era aún la primavera en la costa de Suruga. El tierno verde coloreaba los matorrales de bambú. Una nube teñida de rosa había caído suavemente desde el cielo sobre las ramas de los cerezos. Los bosques de pinos desprendían su perfume suave. Salvo por el chapaleteo del mar, había silencio en la lejana orilla.

Un sonido distante se hizo audible: podría ser el canto de las aguas, podría ser la voz del naciente viento, podría ser la melodía de las nubes. La dulce y extraña música se alzó y cayó: la cadencia era la del mar. Poco a poco, imperceptiblemente, la melodía se fue acercando.

Por encima de las alturas del Fuji-yama, nubes blancas como la nieve flotaban hacia la Tierra. Más y más cerca se escuchaba la música.

Una voz clara y delicada entonó un canto que respiraba a la paz y tranquilidad de la luz de la luna. La aborregada nube fue acercándose hasta la orilla. Por un momento pareció descansar sobre la arena y, luego, se desvaneció.

Junto al mar había una resplandeciente muchacha. En su mano llevaba un instrumento en forma de corazón y, cuando sus dedos tocaban las cuerdas, entonaba un canto celestial. Llevaba una túnica de plumas, blanca e inmaculada como el pecho del cisne salvaje. La doncella miró al mar. Luego se trasladó hacia el cinturón de pinos que bordeaban la costa. Las aves se congregaron a su alrededor, se encaramaban en su hombro y se frotaban la cabeza contra su suave mejilla. Ella les acariciaba y se marchaban volando, llenas de alegría. La joven colgó la túnica de plumas de una rama de pino y fue a bañarse en el mar.

Era mediodía. Un pescador se sentó entre los pinos a comer su bola de masa hervida. De repente, su mirada cayó sobre el deslumbrante manto blanco. «Tal vez sea un regalo de los dioses», se dijo Hairukoo, acercándose. La túnica era tan frágil que casi temió tocarla, pero al final la cogió. Las plumas se combinaban entre sí de forma maravillosa, y delgadas alas curvadas brotaron sobre el hombro. «Voy a llevarla a casa y seremos felices», pensó.

Entonces la joven salió del mar. Hairukoo no oyó ningún ruido hasta que ella se detuvo frente a él. Una voz suave dijo: «El manto es mío, buen pescador, te ruego que me lo devuelvas». El hombre se quedó asombrado, pues nunca había visto tan hermoso ser. Parecía venido de otro mundo. Él dijo: «¿Cuál es tu nombre, preciosa doncella, y de dónde vienes?» Ella respondió: «Yo soy una de las vírgenes que asisten a la Luna. Vengo con un mensaje de paz para el océano. Se lo he susurrado al oído y ahora tengo que volar hasta el Cielo». Pero Hairukoo replicó: «Me gustaría verte bailar antes de que me dejes». La doncella de la Luna contestó: «Dame mi manto de plumas y bailaré una danza celestial». El campesino se negó. «Danza y te daré tu manto». Entonces la resplandeciente virgen se enojó: «Los malvados oni darán cuenta de ti si dudas de la palabra de una diosa. Yo no puedo bailar sin mi manto. Cada pluma me ha sido dada por los pájaros celestiales. Su amor y confianza me ayudan». A medida que hablaba así la doncella, el pescador se fue avergonzando: «He pecado y te pido perdón». Luego dejó el manto en sus manos. La doncella de la Luna se vistió.

Y entonces ella se elevó desde el suelo. Tocó el instrumento de cuerdas y cantó. Claras e infinitamente dulces vinieron las notas. Era su adiós a la Tierra y al Mar. Cesó. Ella rompió en una vibrante y alegre canción, y comenzó a bailar. En un momento ella rozó la superficie del mar, en el siguiente sus diminutos pies tocaron las ramas más altas de los pinos. Entonces pasó rápido junto al pescador y sonrió mientras la hierba crujía bajo ella. Se alzó en el aire y salió de entre los árboles, sobre los matorrales de bambú y bajo las ramas de los cerezos en flor. Todavía continuaba la música. Todavía la joven bailaba. Hairukoo miraba con asombro; pensaba que todo debía ser un hermoso sueño.

Pero entonces la música cambió. Ya no era feliz. El baile terminó. La doncella cantó a la Luna y a la quietud de la noche.

Ella comenzó a dar vueltas en el aire. Lentamente al principio, luego más rápido; flotaba sobre el bosque hacia una lejana montaña. La música y la canción sonaron en los oídos del pescador. La doncella flotaba cada vez más lejos. Hairukoo la contempló hasta que no pudo distinguir su forma de nieve blanca en el cielo. Pero todavía le llegó la melodía con la brisa. Por fin, ésta también se extinguió. El pescador se quedó solo; solo con el sonido del mar y la fragancia de los pinos.

El gran abeto de Takasago

EL cerezo ha florecido muchas veces desde que O-Matsue viviera con su padre y su madre en la arenosa costa del Mar Interior. La casa en Takasago estaba protegida por un abeto de gran antigüedad; un dios lo había plantado cuando pasó por ahí. O-Matsue era hermosa y su madre le había enseñado a amar el mar y a los pájaros, a los árboles, y a todo ser viviente. Sus ojos eran como el profundo océano en un día de verano. Su sonrisa era como el sol sobre la superficie del lago Biwa.

Las agujas caídas del abeto servían de suave diván sobre el que O-Matsue se sentaba durante horas, manejando su lanzadera, tejiendo ropas para los campesinos de la vecindad. En ocasiones, se iba al mar con los pescadores y escrutaba las profundidades para tratar de ver el Palacio del Lecho Oceánico; los pescadores le relataban la historia de la pobre medusa que había perdido su concha, o la de la Bendecida Isla de la Eterna Juventud, cuyo árbol podía discernirse en ocasiones desde la costa.

La orilla de Sumi-no-ye se encuentra a muchas leguas de distancia de Takasago, pero un joven que vivía allí hizo el largo viaje. Teoyo dijo: «Voy a ver qué hay más allá de las montañas. Voy a ver el país sobre el que las alas de la garza hacen su camino por la llanura». Viajó a través de muchas provincias y por fin llegó a la tierra de Harima. Un día pasó por Takasago. O-Matsue se sentaba a la sombra del abeto. Tejía y cantaba mientras trabajaba. Esta era su canción:

No hay hombre tan cruel, salvo que suspire

Cuando sobre su cabeza las flores marchitas de cerezo

Vienen revoloteando hasta el suelo. ¿Quién sabe? Las suaves lluvias de la Primavera

Mas las lagrimas pueden ser derramadas por el angustiado cielo.

Teoyo escuchó el dulce canto y exclamó «¡Es como la canción de un espíritu y cómo de hermosa es la muchacha!» Por un tiempo él la estuvo observando mientras ella tejía. Entonces su canto cesó, él se movió hacia ella y la dijo: «He viajado mucho. He visto a muchas hermosas doncellas, pero ninguna tan bella como tú. Llévame ante tu padre y madre para que yo pueda hablar con ellos». Teoyo pidió a los campesinos la mano de su hija y éstos dieron su consentimiento.

Hubo gran regocijo. O-Matsue recibió muchos presentes y, en cuanto se acercó su día de boda, se preparó un gran festín. La novia y el novio bebieron tres veces de tres tazas de saké que los convirtió en marido y mujer, y la fiesta continuó.

Entonces Teoyo dijo: «Este país de Harima es una buena tierra. Quedémonos aquí junto con tu padre y tu madre». O-Matsue se alegró. Así vivieron con los ancianos bajo el gran abeto. Al fin, el padre y la madre murieron. O-Matsue y Teoyo aún vivían bajo la sombra de los árboles. Ellos se sentían felices. Verano, otoño e invierno se sucedieron muchas veces sobre la tierra de Harima. Su amor siempre permanecía en su primavera. Las *ondas de la edad* fruncieron sus ceños, pero sus corazones seguían siendo jóvenes y tiernos, verdes como las agujas de los pinos. Aún cuando sus ojos se habían oscurecido, se dirigieron a la orilla para escuchar las aguas del Mar Interior, o juntos recogían, con rastrillos de bambú, las agujas caídas del pino.

Una grulla llegó y construyó en las ramas más altas del árbol y durante muchos años ellos contemplaron las aves criando a sus pequeños. Una tortuga también habitaba junto a ellos. O-Matsue dijo: «Hemos sido bendecidos con un abeto, una grulla y una tortuga. El Dios de la Larga Vida nos ha tomado bajo su protección».

Cuando, al fin, al mismo momento, Teoyo y O-Matsue fallecieron, sus espíritus se retiraron al interior del árbol que durante tanto tiempo había sido testigo de su felicidad. A día de hoy el árbol es denominado como *El Pino de los Amantes.*

Durante las noches de luna, cuando la brisa marina susurra entre las ramas de los árboles, a veces se puede ver a O-Matsue y a Teoyo, con rastrillos de bambú en las manos, recogiendo juntos las agujas del abeto.

A pesar de las tormentas del tiempo, el viejo árbol permanece a esta hora eternamente verde en los altos costeros de Takasago.

El sauce de Mukochima

NO muy lejos de Matsue, la gran ciudad de la provincia de los Dioses, una vez vivieron una viuda y su hijo. Su cabaña se veía junto al Lago Shinji, enmarcada entre los picos de las montañas. Ayame era fiel a la antigua religión, el culto de los descendientes de Izanagi e Izanami. Mucho antes de la salida del sol por encima de la cadena de cerros, ella estaba levantada y, cogida de las manos de Umewaki, bajaba hasta la orilla del lago. Primero bañaban su rostro en el agua fría, luego, volviéndose hacia el este, batían las manos cuatro veces y saludaban al sol. «¡Konnichi Sama! Viva a vos, Creadora del Día. Brilla y tráenos la alegría al Lugar de Creación de las nubes». Luego, una vez vueltos hacia el Oeste, madre e hijo bendecían el sagrado templo inmemorial de Kitzuki; se volvían hacia el Norte y el Sur y rogaban a los dioses, a todos cada uno de ellos, que habitan en la azul Llanura del Alto Cielo.

El padre de Umewaki había muerto hacía muchos años y el amor de la madre estaba centrado en su hijo. Él permanecía al aire libre desde el amanecer hasta la caída de la noche; a veces al lado de Ayame, otras solo, observando a la garza o a la grulla, o escuchando la dulce llamada de la *yamabato*[13]. La cabaña estaba en un lugar remoto, pero Ayame sentía que su hijo estaba a salvo al cuidado de los buenos dioses.

Sucedió una hermosa mañana de verano. Ayame y Umewaki se despertaron poco después del amanecer. De la mano se encaminaron hasta la orilla del Lago Shinji. Éste aún dormía bajo la ligera bruma. La Dama de Fuego no había susurrado su proximidad a las suaves nieblas que velaban las colinas. Madre e hijo esperaron pacientemente. Cuando la Creadora del Día apareció, ellos gritaron: «¡Konnichi Sama! Gran Diosa, brilla sobre tu Tierra. Dale la belleza y la paz y la alegría». Entonces, madre e hijo regresaron a la cabaña. Ayame manejaba su lanzadera y Umewaki vagó por el bosque.

---

[13] Tórtola.

El mediodía llegó. «Mi hijo se ha encontrado con algún leñador, estará hablando con él a la sombra de los pinos», pensó Ayame. Cuando cayó la tarde, dijo: «él está con el pequeño Kime, su compañero de juegos, pero pronto se oirán sus suaves pasos». Cayó la noche. «Una vez vino tarde; cuando fue a Matsue con el buen Shijo». Ella miraba por la ventana de papel y, después, se retiraba. Las colinas proyectaron una misteriosa sombra sobre la superficie del lago. Aún no había señales de Umewaki. La madre lo llamó por su nombre. Ninguna respuesta llegó salvo el eco de su propia voz. Entonces buscó por los alrededores. A todos los campesinos les preguntó: «¿Has visto a mi Umewaki?» Pero siempre recibía la misma respuesta. Por fin ella regresó cansada a su casa: «Puede que esté esperando por mí», pensó. Era medianoche y la cabaña seguía vacía. Ayame sentía tristeza en su corazón y, mientras yacía sobre su estera, se echó a llorar amargamente y gritó a los dioses para que le devolvieran a su hijo. Así pasó la noche. Por la mañana se enteró de que se había visto a una banda de ladrones por las montañas.

El pobre Umewaki había sido, en verdad, raptado por los ladrones. Era vigilado día y noche y no tuvo ninguna posibilidad de escapar. De pueblo en pueblo viajaron; a través de tierras extrañas donde en nombre de Buda aún estaba en los labios de la gente, a través de las grandes llanuras desprotegidas por las montañas. El verano pasó y llegó el otoño. Sin embargo, los hombres no dejaron marchar a Umewaki. Lo trataban con crueldad y empezó a languidecer. Entonces los ladrones se percataron de que él ya no les era de ninguna utilidad. Cuando se acercaban a Yedo[14], lo dejaron, débil y cansado, en la carretera. Un buen hombre de Mukochima encontró al pobre chico y se lo llevó a su casa. Pero Umewaki no tenía mucho tiempo de vida. En el decimoquinto día del tercer mes, el día sagrado para el despertar de la Primavera, abrió los ojos, y llamó a la buena mujer que le atendía: «Dile a mi querida madre que la amo y que me gustaría estar con ella, pero que la Dama de la Gran Luz me llama y he de obedecerla».

Ayame había salido de su tranquila cabaña del lago Shinji para seguir a los hombres que habían raptado a su hijo. El otoño y el invierno pasaron y, aún así, ella perseveró. Al pasar por Mukochima, se enteró de que un pobre chico había muerto y pronto descubrió que éste era su hijo. Ella fue a la casa donde había sido atendido y la mujer dio el mensaje de Umewaki.

---

[14] Edo, la actual Tokio.

Por la noche, cuando todo estaba tranquilo, Ayame se arrastró hasta la tumba de su hijo. Cerca de ella se había plantado un sauce sagrado. El esbelto árbol era mecido por el viento. Hubo un susurro: la voz de Umewaki hablando en voz baja a la madre en su lugar de descanso. Ella se sintió entonces feliz.

Cada noche ella iba a escuchar el gemido del sauce. Cada noche se acostaba feliz de haber hablado con su hijo.

En el decimoquinto día del tercer mes, el día del despertar de la Primavera, muchos peregrinos visitan el lugar de descanso de Umewaki. Si llueve ese día, la gente dice que «Umewaki llora».

El sauce se encuentra bajo la protección de los dioses. La tormenta y la lluvia no pueden dañarlo.

El niño del bosque

SAKATO-NOTOKI-YUKI era un valiente guerrero de la corte de Kyoto. Luchó por los Minamoto en contra de los Taira[15], pero los Minamoto fueron derrotados y los últimos días de Sakato los vivió en errante exilio. Él murió con el corazón roto. Su viuda, la hija de una noble familia, huyó de Kyoto hacia el Este, hasta las escarpadas montañas de Ashigara. Nadie sabía de su escondite y no tenía enemigos que temer salvo las bestias salvajes que vivían en el bosque. Durante la noche, ella encontró refugio en una cueva rocosa.

Un hijo nació de ella a quién llamó Kintaro, el Chico Dorado[16]. Él resultó ser un niño robusto, de mejillas sonrosadas y alegres

---

[15] Conflicto civil conocido como Guerras Genpei, acontecidas entre los años 1180 y 1185 de nuestra Era.
[16] Para ser más exactos, este muchacho se llamaba Sakato no Kintoki.

ojos risueños. Incluso mientras balbuceaba en su cama de helechos, las aves se posaban en su hombro para mirarle con confianza a los ojos y él sonreía. Así bien temprano el niño y los pájaros fueron amigos. La mariposa y la vellosa polilla se asentaban sobre su pecho y se posaban suavemente sobre su cuerpo moreno.

Kintaro no era como los otros niños, había algo extraño en él. Cuando caía, él se reía alegremente; y si vagaba lejos en el bosque, siempre podía encontrar el camino a casa; y cuando no era más que un bebé gordito, podía balancear un hacha sobre su cabeza en círculos. En las remotas colinas no tenía amigos humanos, pero los animales fueron sus constantes compañeros de juego. Era amable y de buen corazón, y no hacía daño voluntariamente a ninguna criatura viviente, por lo que los pájaros y todos los pueblos de los bosques consideraban a Kintaro como uno más de los suyos.

Entre los más cercanos amigos de Kintaro se encontraban los osos que habitan en la espesura. Una madre oso a menudo le llevaba a la espalda hasta su hogar. Los cachorros corrían y lo saludaban con alegría, retozaban y jugaban durante horas. Luchaban y rivalizaban amistosamente. A veces, Kintaro trepaba por la corteza lisa del árbol de la espumilla, sentándose en la rama más alta, y se reía de los vanos intentos de sus peludos amiguitos, que trataban de alcanzarlo. Luego llegaban la hora de cenar y la fiesta de la miel líquida.

Sin embargo, el Chico Dorado amaba más que nada volar por el aire con sus brazos alrededor del cuello de un venado de ojos dulces. Poco después del amanecer, el ciervo llegaba para despertar al durmiente y, con un beso de despedida a su madre y una caricia mañanera al venado, Kintaro saltaba sobre su lomo y era llevado, con rápidos saltos, hasta la ladera de la montaña a través del valle y del matorral, hasta que el sol alcanzaba su cenit en los cielos. Cuando llegaban a un punto frondoso del bosque y escuchaban el sonido del agua al caer, el ciervo pastaba entre los altos helechos, mientras Kintaro se bañaba en el espumoso torrente.

Así, madre e hijo vivían de forma segura en su hogar entre las montañas. Vieron que ningún humano, salvo algunos leñadores, penetraba en lo profundo del bosque y estos simples campesinos no sospechaban de su noble origen. La madre era conocida como Yama-uba-San, la Nodriza Silvestre de la Montaña, y su hijo como la Pequeña Maravilla.

Kintaro reinó como príncipe del bosque, amado por todas las criaturas vivas. Cuando ocupaba su corte, el oso y el lobo, el zorro y el tejón, la garduña y la ardilla, y muchos otros cortesanos se sentaban a su alrededor. Las aves también acudieron a su llamada. El águila y el halcón volaban desde las lejanas alturas; la grulla y la garza recorrían la llanura e innumerables amigos con plumas atestaban las ramas de los cedros. Él escuchaba de ellos sus alegrías y sus penas, y hablaba amablemente a todos, ya que Kintaro había aprendido el idioma y las tradiciones de las bestias y de los pájaros y de las flores, además de las de los *Tengus*, los elfos silvanos.

Los Tengus, que viven en las alturas rocosas de las montañas y en las ramas más altas de los grandes árboles, se hicieron amigos de Kintaro y se convirtieron en sus maestros. Como él era sincero y bueno, no tenía nada que temer de ellos, pero los Tengus son temidos por los niños mentirosos, cuyas lenguas arrancan de raíz.

Estos duendes son seres extraños: con cuerpo de hombre, cabeza de halcón, con largas, muy largas narices, y dos poderosas garras en sus peludas manos y pies. Cuando salen del cascarón y en su juventud, tienen plumas y alas; más tarde, mudan y gastan de la vestimenta de los hombres. En sus pies hay zancos como zuecos de unos treinta centímetros de alto. Se muestran orgullosos, con los brazos cruzados, la cabeza echada hacia atrás, y la nariz alta en el aire; de ahí el proverbio *se ha convertido en un Tengu*.

La casa de la tribu se encuentra en la montaña de Oyama, donde vive el Dai-Tengu, su líder, a quién todos obedecen. Él es aún más orgulloso y arrogante que sus seguidores, y su nariz es tan larga que uno de sus ministros siempre le precede para que no resulte dañada. Una larga barba gris le llega hasta la cintura y le cuelgan bigotes desde su boca hasta la barbilla. Su cetro es un abanico de siete plumas, que lleva en su mano izquierda. Rara vez habla y es, por tanto, un sabio magnífico. El Cuervo-Tengu[17] es su principal ministro; en lugar de nariz y boca, tiene un pico largo. Sobre el hombro izquierdo cuelga un hacha de ejecutor y en su mano lleva el libro de la sabiduría Tengu.

Los Tengus gustan de los juegos y sus largas narices son útiles en muchos aspectos. Ellos las emplean como espadas de esgrima y como postes para equilibrar recipientes de agua

---

[17] *Karasu-tengu.*

con un carpín. Dos narices unidas forman una cuerda floja en la que un joven Tengu, protegido por un paraguas de papel y guiando a un perrito, baila y salta a través de aros, al mismo tiempo que un viejo Tengu canta una canción bailable y otro golpea con un abanico. Algunos entre los Tengus más mayores son muy sabios. El más famoso de todos es el que habita en el monte Kurama, pero no menos sabio es el Tengu que llevó a cabo la educación de Kintaro. Al caer la noche se llevaba al niño a un nido entre las altas rocas. Allí le enseñó la sabiduría de los elfos y la lengua de todas las tribus del bosque.

Un día, Pequeña Maravilla fue a jugar con algunos Tengus jóvenes, pero estos se cansaron y volaron hasta sus nidos, dejando solo a Kintaro. Él se enojó con ellos y sacudió el árbol con todas sus fuerzas, de modo que el nido cayó al suelo. La madre regresó pronto y estaba muy afligida por el dolor de sus hijos. El corazón de Kintaro se conmovió y, con sus pequeños brazos, trepó al árbol y pidió perdón. Felizmente resultaron ilesos y pronto se recuperaron del susto. Kintaro ayudó a reconstruir el nido y trajo presentes para sus compañeros de juegos.

Y sucedió que el héroe Raiko[18], que había luchado tan valientemente contra los oni, pasó a través del bosque, se encontró con Pequeña Maravilla luchando contra un oso poderoso. Un círculo de admiración, formado por amigos, se levantaba a su alrededor. Raiko, mientras miraba, quedó impresionado ante la fuerza y la valentía del muchacho. El combate terminó, él preguntó a Kintaro por su nombre y su historia, pero el niño solo pudo llevarlo ante su madre. Cuando ella confirmó que el hombre que estaba ante ella era sin duda Raiko, el poderoso guerrero, le habló de su huida de Kyoto, del nacimiento de Kintaro y de su vida recluida en las montañas. Raiko quiso llevarse al chico y entrenarlo en las armas, pero Kintaro amaba el bosque. Cuando, sin embargo, su madre le habló, él estaba dispuesto a obedecer. Kintaro llamó a sus amigos, las bestias y los pájaros y, con palabras que se recuerdan a día de hoy, les dijo a todos adiós.

La madre no siguió a su hijo a la Tierra de los Hombres, pero Kintaro, cuando se convirtió en un gran héroe, a menudo venía a verla y visitaba el hogar de su infancia.

---

[18] Minamoto no Yorimitsu (948-1021), famoso guerrero del clan Fujiwara quien, además, es protagonista de muchas leyendas del folclore nipón.

Los campesinos de Ashigara todavía nombran a la Nodriza Silvestre de las Montañas y a Pequeña Maravilla.

La visión de Tsunu

CUANDO los cinco grandes pinos de las borrascosas alturas del Mionoseki eran apenas unos retoños, vivía en el Reino de las Islas un hombre piadoso. Su hogar se levantaba en una remota aldea rodeada de montañas y grandes bosques de pino. Tsunu tenía una esposa e hijos e hijas. Él era leñador y sus días los pasó en la frondosidad y en las laderas. En verano estaba en pie desde el canto del gallo y trabajaba con paciencia, a la suave luz bajo los pinos, hasta el anochecer. Luego, con su carga de troncos y ramas, se marchaba sosegadamente a casa. Tras la cena, contaba alguna vieja historia o leyenda. Tsunu no se cansaba de relatar cuentos maravillosos de la Tierra de los Dioses. Lo que más le gustaba era hablar del Fuji-yama, la montaña que tan cerca estaba de su morada.

En el pasado no había ninguna montaña donde ahora el pico sagrado llega hasta el cielo, solo una larga llanura bañada todo el día por la luz. Los campesinos de la región se admiraron una mañana al contemplar una poderosa colina donde antes había estado la llanura. Había surgido en una sola noche, mientras dormían. Llamas y enormes piedras eran arrojadas desde la cima; los campesinos temían que los demonios del inframundo hubieran venido a vengarse de ellos. Pero por muchas generaciones hubo paz y silencio en las alturas. La buena Diosa del Sol ama al Fuji-yama. Todas las tardes se detiene en su cumbre y, cuando al fin ella lo abandona, su elevada cresta está bañada en suave luz violeta. Por la noche la Incomparable Montaña parece elevarse más y más alto en el cielo, tanto que ningún mortal puede saber el lugar de su descanso. Nubes de oro envuelven el Fuji-yama en la temprana mañana. Los peregrinos vienen de lejos y de cerca para obtener de la sagrada montaña su bendición y salud para ellos y sus familias.

En la misma noche que el Fuji-yama se levantó de la Tierra, algo extraño sucedió en la región montañosa cerca de Kyoto. Los habitantes fueron despertados por un terrible ruido que continuó durante toda la noche. Por la mañana, todas las montañas habían desaparecido; no se veía la armonía de las colinas que tanto amaban. Un lago azul se extendía entonces ante ellos. Éste no era otro que el Lago Biwa, con forma de laúd. Las montañas, en realidad, viajaron bajo la Tierra durante más de un centenar de kilómetros y ahora forman el sagrado Fuji-yama.

Al salir Tsunu de su choza por la mañana, sus ojos buscaban la Montaña de los Dioses. Veía las nubes de oro y la bella historia se prendía de su mente mientras se dirigía a su trabajo.

Un día, el leñador vagó por el bosque más allá de lo habitual. Al mediodía llegó a un lugar muy solitario. El aire era suave y dulce, el cielo tan azul que lo contempló por largo tiempo y entonces respiró profundamente. Tsunu se sentía feliz.

Entonces su mirada se posó en un pequeño zorro que le observaba con curiosidad desde los arbustos. La criatura salió corriendo cuando vio que la atención del hombre se había sentido atraída. Tsunu pensó: «Voy a seguir al pequeño zorro y ver a dónde va». Comenzó la persecución. Pronto llegó a un bosque de bambú. Los suaves tallos delgados se mecían con gesto soñador, las hojas de color verde pálido todavía brillaban con el rocío de la mañana. Pero no fue esto lo que hizo que el leñador se quedara como hechizado. En una parcela de musgo, más allá de la espesura, vio sentadas a dos doncellas de incomparable belleza. Estaban parcialmente ocultas por los ondeantes bambúes, pero sus rostros quedaban iluminados por la luz del sol. Ni una palabra salía de sus labios, sin embargo, Tsunu sabía que las voces de ambas debían ser dulces como el arrullo de la paloma silvestre. Las doncellas eran elegantes como el sauce delgado, hermosas como la flor de cerezo. Poco a poco movían las piezas del ajedrez[19] que se extendían ante ellas sobre la hierba. Tsunu apenas se atrevía a respirar, para no molestarlas. La brisa quedó prendida de sus largos cabellos, la luz del sol jugaba sobre ellos... El sol seguía brillando... Las piezas de ajedrez todavía se movían lentamente hacia delante y atrás... El leñador observaba embelesado.

«Pero ahora», pensó Tsunu, «tengo que regresar, y contar en casa lo de estas bellas doncellas». Por desgracia, sus rodillas estaban rígidas y débiles. «He debido de estar aquí

---

[19] Rinder refiere el juego de estas dos doncellas como ajedrez, aunque, lo más seguro, es que se estuviera refiriendo al *Go*, un juego de estrategia bien diferente cuyo objetivo es cercar al enemigo.

durante muchas horas», dijo. Él se apoyó sobre su hacha; ésta se convirtió en polvo. Mirando hacia abajo, vio que una barba blanca le colgaba de la barbilla.

Durante muchas horas el pobre leñador trató en vano de llegar hasta su casa. Fatigado y extenuado, llegó por fin a la cabaña. Pero todo había cambiado. Rostros extraños le miraban con curiosidad. La lengua de la gente no le era familiar. «¿Dónde están mi mujer y mis hijos?», gritó. Pero nadie conocía su nombre.

Finalmente, el pobre leñador llegó a comprender que siete generaciones habían pasado desde que se despidió de sus seres queridos aquella madrugada. Mientras él miraba a las hermosas doncellas, su esposa, sus hijos y los hijos de sus hijos habían vivido y muerto.

Los pocos años que le quedaron a Tsunu los empleó de piadoso peregrino al Fuji-yama, su bien amada montaña.

Desde su muerte ha sido honrado como un santo que trae la prosperidad al pueblo de su país natal.

La princesa luciérnaga

EN lo más profundo de los rosados pétalos de una flor de loto que crecía en los fosos del castillo de Fukui, en Echizen, vivía Hi-O, el Rey de las Luciérnagas. En esta hermosa flor, su hija, la Princesa Hotaru, pasó su infancia explorando cada escondrijo de las sombras y cada fragante rincón del palacio con forma de campana, escuchando el zumbido de la vida que la rodeaba y asomándose por encima del borde de los pétalos al maravilloso mundo que yacía misteriosamente más allá. Hotaru-Himé contaba con algunos compañeros de juventud, pero, cuando ella se despedía de su padre todos los días, soñaba con el momento en el que también podría volar al exterior y su brillante luz atraería la admiración del universo.

Poco a poco, un hermoso brillo cubrió su cuerpo; noche tras noche se hacía más luminosa, hasta que por fin su hogar, en las horas de oscuridad, era como un globo de coral que centelleaba cuan lámpara de oro. Tan gloriosa era su luz que las estrellas palidecían ante ella y la hoz de la brillante luna se retiraba celosa tras una nube.

Se le permitió a Himé volar fuera de su hogar, a merodear por los agradables campos de arroz y explorar las praderas de índigo que estaban más allá del horizonte. No le faltaban amigos y aspirantes a ser su amante; miles de insectos, atraídos por su mágica luz, venían y le rendían homenaje, pero Himé nunca olvidó que era de sangre real y, mientras ella daba las gracias con altivez a sus muchos pretendientes, ninguno encontraba la manera de entrar en su corazón.

Una noche, la princesa, sentada en un trono formado por el corazón de la flor de loto, presidió su corte. Pronto los pétalos de color rosa tenue de la flor se llenaron de una gran cantidad de amantes ardientes. Pero la Princesa suspiró para sí: «Solo el que me ama más que la vida podrá llamarme esposa».

El escarabajo de oro depositó su fortuna a sus pies, el abejorro la cortejó con palabras apasionadas, la libélula con orgullo le ofrecía su mano y la esfinge colibrí[20], con humildad pero con persistencia, se dirigía a ella. Un sinnúmero de insectos consiguieron audiencia, pero la respuesta de ella fue siempre la misma: «Ve y tráeme el fuego, y yo seré tu esposa».

Uno por uno fueron levantando el vuelo, cautivados por la esperanza del éxito, empeñados en la misma misión. La esfinge colibrí entró en el templo budista y dio vueltas y más vueltas a las altas velas, hasta que, en un éxtasis de amor, voló hacia la llama, exclamando: «¡Ahora voy a ganarme a la Princesa o a encontrarme con mi muerte!» Su pobre cuerpo quemado cayó pesadamente al suelo. El escarabajo observaba atentamente, por un momento o dos, el crepitar del fuego del hogar y, luego, sin importarle su destino, con valentía atrapó una lengua de fuego que esperaba llevar ante Himé, pero su fin fue como el de la esfinge colibrí. La libélula, a pesar de su esplendor iluminado por el sol, no pudo cumplir las órdenes de la Señora de la Flor de Loto; también cayó presa de su imperioso mandato. Otros amantes habían intentado robar del diamante su corazón de fuego, sus

---

[20] *Macroglossum stellatarum*. Tipo de polilla, de la especie lepidóptero ditrisio de la familia *Sphingidae*, que se puede encontrar en Europa, Norte de África y centro de Asia, India e Indochina.

alas se encaminaron a la cumbre del Fukui, o descendieron a las profundidades de los valles en busca del talismán que haría de Himé su esposa. El sol salió en todo su esplendor por la mañana sobre un número inconmensurable de cadáveres, que solo podían atestiguar la gran devoción que había inspirado a los amantes de la Princesa Hotaru.

Entonces llegó la noticia a Hi-Maro, un Príncipe de las Luciérnagas de severa vida, que la Princesa Hotaru era muy hermosa; por lo que él voló rápidamente hasta su hogar entre las flores de loto. A pesar de que él entró con un torrente de luz dorada, los encantos de Himé no se apagaron. Una mirada se cruzó entre el joven y la doncella, y entonces cada uno sintió un gran amor que llenaba sus corazones. Hi-Maro cortejó y se casó y, durante muchos años, vivió feliz junto a Hotaru-Himé en los fosos del castillo de Fukui.

Siglos han transcurrido desde que Hi-Maro ganara a su esposa y todavía las deslumbrantes Princesas Luciérnaga mandan a sus amantes insecto en busca del fuego.

La boda del gorrión

EN el corazón de un bosque de pinos, que se encontraba en un remoto rincón de la Tierra de la Libélula, vivía Chiyotaro, un próspero gorrión, quien fue honrado y amado por igual por su familia y amigos. Tenía muchos niños hermosos, pero ninguno con los modales más distinguidos o el corazón más verdadero que Tschiotaro. Él era la llama de vida de la pequeña familia; alegre como es de largo el día de verano y locuaz como solo un gorrión puede serlo.

Tschiotaro volaba lejos por el boque y a través de las circundantes planicies; de hecho, en ocasiones, incluso llegó a la vista de los altos picos de la Montaña Incomparable. Con el primer susurro de la proximidad de la puesta del sol, volaba hacia casa, para deleite de sus seres queridos que lo esperaban en el bosque de pinos para escuchar el relato de sus aventuras diarias. Risas y sonidos de alegría resonaban en el crepúsculo cuando la familia de gorriones escuchaba el parloteo de Tschiotaro. Entonces caía el silencio de la noche y se hacía la quietud en las profundidades del bosque.

Una soleada mañana Tschiotaro pió su despedida y se marchó volando sin saber a dónde. Al fin, se posó en la sombreada arboleda de bambú, donde habitaba Kosuzumi, la *gorrión de la lengua cortada*[21]. En verdad los dioses le habían favorecido en la orientación de su vuelo con destino a este lugar. Kosuzumi era hermosa, pero su hija, Osuzu, lo era aún más. Ella era alegre, cálida de corazón y atractiva; sencilla también, era una doncella cuyos días los gastaba a la fresca sombra de los matorrales de bambú. Tschiotaro solo veía en ella a su amor. Al principio, es cierto, él se mostró un poco apocado y saltó alrededor de la hermosa con una muda súplica en sus brillantes ojillos, pero cuando vio que Osuzu sonreía y le miraba tímidamente, él se volvió más osado e, incluso, se atrevió a abordarla. Poco a poco la

---

[21] Shita-kiri Suzume (舌切り雀 *shitakirisuzume*), que traducimos como "Gorrión de Lengua Cortada", es un cuento o fábula japonesa que trata acerca de un anciano amable, su avariciosa esposa y de un gorrión herido. Trata sobre la codicia, la envidia y la amistad.

conversación se hizo más animada: la reserva desapareció y pasaron a confidencias mutuas. Tschiotaro y Osuzu habían, en verdad, entrado en el Jardín de la Felicidad, que es conocido en el mundo alado del Japón como *Okugi*. El tiempo pasó rápido y la hora de partir llegó inexorable. Tschiotaro aseguró a Osuzu que pronto regresaría. Mientras viajaba por el aire del verano, cargado con la fragancia de innumerables flores, una profunda alegría llenó su corazón y añadió sabor a su vuelo. Osuzu, feliz por su nuevo amor, durmió plácidamente gracias el vaivén de las ramas de bambú, mecidas por la suave brisa.

Tschiotaro no perdió tiempo en dar a conocer a su padre su amor por la hermosa hija de Kosuzumi, y declaró que ella, y ninguna otra, debía ser su esposa. El viejo escuchó la noticia con sorpresa. Rico y respetado como era, no podía permitir que su hijo se casara con la primera joven de la que se enamorara; pero como Chiyotaro se había sentado contento en un tranquilo rincón de su casa, su amor hacia su hijo y el deseo de verlo feliz superaron cualquier otra consideración. Le dijo: «Si Osuzu es buena y fiel, no me niego a dar mi consentimiento». Incluso antes de que se enterara de que Osuzu pertenecía a una familia honrada a lo largo y ancho del mundo, que su hogar era exquisito y que su madre era la famosa gorrión de la lengua cortada, Chiyotaro había determinado que nada debía empañar la felicidad de su hijo.

Tras el lapso de un día o dos, la brillante historia de Tschiotaro fue aceptada por los más sabios entre los gorriones. El padre y la madre se sentían dichosos y, según la antigua costumbre, un mensajero fue despachado a los padres de Osuzu con una oferta formal de matrimonio. La familia en la espesura de bambú, después de la debida deliberación, accedió a reunirse con Chiyotaro. Todo fue para bien. El día de la boda se fijó rápidamente y se hizo todo tipo de preparaciones para el auspicioso evento.

El hogar que iba a ser la vivienda de Tschiotaro y Osuzu fue construido con el mayor cuidado en las ramas superiores de un hermoso árbol de cerezo, cuyos pétalos de color blanco puro en flor darían fragancia y paz al feliz retiro. Muchos fueron los regalos que llegaron para adornar y agregar comodidad a la nueva morada. Gorriones de cerca y de lejos competían los unos con los otros en la delicadeza y la variedad de sus presentes, hasta que la morada se convirtió en algo digno de ver.

Justo antes del día de la boda, Osuzu se regocijó con la llegada de los asombrosos regalos de su amado Tschiotaro. Un *obi*[22] de gotas de rocío, con el que celebraban los secretos del sol; un tocado, adornado con pétalos de una esbelta flor de montaña; y pequeñas sandalias de musgo, tan suaves y exquisitas que se las puso al instante con mucho amor y orgullo; estos y otros muchos entregó Tschiotaro. Tampoco quedaron los padres de Osuzu sin atender sus deberes. Un gran manto de ceremonia, tejido con la flor del melocotón rosado, así como *saké* y deliciosa fruta fueron enviados a Tschiotaro.

La mañana de la boda llegó. En el momento en el que el sol tocó de gloria el pico del Fuji-yama, las familias de gorriones estaban ocupadas preparándose para las festividades del día. Mucho antes de que las purpúreas sombras se hubieran levantado de los valles, el cortejo de la boda se había reunido por entre los matorrales y los setos y los boques. Nunca antes se había visto una concurrencia tal de gorriones. Tschiotaro era muy querido y la

---

[22] Obi (帯, おび) es la faja del kimono tradicional japonés. Los hay tanto para hombre como para mujer, y pueden decir mucho acerca de sus respectivos propietarios.

belleza de Osuzu era ya conocida incluso en tierras lejanas.

A la llegada a su nuevo hogar, la novia y el novio sorbieron tres veces de tres vasos de vino de arroz que consagraron su unión, y luego todos los invitados bebieron libremente a la salud y el bienestar de la pareja de recién casados. El jolgorio y la alegría duraron hasta entrada bien la tarde; y mucho después de que el sol se despidiera de la arboleda donde los gorriones seguían charlando y gorjeando.

Cuando la luna, con sus damas de compañía, se levantó lentamente en los cielos, los sonidos de la fiesta se desvanecieron y reinó el silencio.

Tschiotaro y Osuzu pasaron felices muchos años de unión. Tuvieron hermosos y majestuosos niños como ellos mismos lo fueron y nunca tuvieron motivos para lamentar su enlace.

El amor de la zorra blanca como la nieve

EN Idzumo, la Provincia de los Dioses, habitan muchos zorros. El malvado *Ninko*[23], en alianza con los oni, acecha al caer la noche y se lleva las almas de los niños pequeños, roba el arroz y el mijo al pobre y hechiza a las doncellas que se cruzan en su camino. Su enemigo es el zorro *Inari*, que es tierno de corazón. El Inari ama a los niños y advierte a las inquietas madres cuando el Ninko anda cerca; guarda el almacén

---

[23] Según el folclore nipón, todos los zorros son criaturas sobrenaturales. El Ninko o *Hito-kitsune* (hombre-zorro) es un tipo de zorro poseído por las fuerzas demoníacas.

Igualmente malvado es el *Nogitsune* (zorro salvaje), una especie de brujo que toma posesión de los humanos y puede hacerse invisible a todos los ojos salvo a los del perro.

El Inari (O-Kitsune-San) es un zorro bondadoso, considerado el dios del Arroz y, según la mitología comparada, posee atributos propios de las deidades grecolatinas Hermes, Zeus, Atenea y Poseidón.

del campesino y viene en ayuda de las doncellas en peligro.

Hace muchos siglos, vivía una joven zorro Inari. Ella era blanca como la nieve y sus ojos amables e inteligentes. Era muy querida por toda la buena gente de los alrededores. Ellos se sentían contentos si, en la noche, ella golpeaba suavemente con su cola la ventana de sus chozas; cuando ella entraba, para jugar con los niños, comía de su humilde comida y, luego, salía al trote. El dios Inari protegía a los que eran amables con ella. Los zorros Ninko la odiaban.

Había cazadores en el país de Idzumo sedientos de la sangre de la bella zorra blanca. Una o dos veces estuvo a punto de perder la vida a manos de estos crueles hombres.

Una tarde de verano, ella brincaba por el bosque con unos jóvenes zorros amigos, cuando dos hombres la vieron. Ellos eran ligeros de pies y tenían perros a su lado. La zorra blanca huyó. Los hombres lanzaron un grito emocionado y la persiguieron. En vez de ir hacia la llanura, ella se dirigió hacia el Templo Inari Daim-yojin. «Seguramente encontraré un refugio a salvo de mis perseguidores», pensó.

Entonces Yaschima, un joven príncipe de la noble casa de Abe, se encontraba en el templo, en profunda meditación. La zorra blanca, cuyas fuerzas estaban prácticamente agotadas, corrió sin temor hasta él y se refugió bajo los gruesos pliegues de su túnica. Yaschima se compadeció de ella e hizo todo lo posible para calmar a la pobre y asustada criatura. Le dijo: «Yo te protegeré, pequeña, no tienes nada que temer». La zorra lo miró y pareció entender. Dejó de temblar. Entonces el príncipe se dirigió hacia la puerta del gran templo. Los dos hombres le alcanzaron y le preguntaron si había visto a una zorra de blanco puro. «Debió correr hacia el Templo de Inari. Nos gustaría tener su sangre para curar la enfermedad de uno de nuestros familiares». Pero Yaschima, fiel a su promesa, respondió: «He estado en el templo orando al buen dios, pero no os puedo decir nada de la zorra». Los hombres estaban a punto de salir, cuando, de detrás de su manto, se descubrió una cola blanca y peluda. Con malas maneras, los hombres exigieron al príncipe que se hiciera a un lado. El príncipe se negó rotundamente. Sin embargo, queriendo su presa, los hombres lo atacaron y éste se vio en la obligación de desenvainar la espada en defensa propia. En ese momento, el padre de Yaschima, un anciano valiente, apareció; se precipitó sobre los enemigos de su hijo, pero un golpe mortal, que Yaschima no pudo evitar, lo hirió. Luego, el joven príncipe se enojó mucho y, con dos poderosos golpes, derribó a sus adversarios.

La pérdida de su querido padre llenó de dolor a Yaschima. No rompió en fuerte llanto, el pesar estaba demasiado cerca de su corazón.

Entonces una dulce canción llegó a sus oídos. Llegaba del interior del templo. Cuando Yaschima volvió a entrar en el sagrado edificio, una hermosa doncella se presentó ante él. Ella se volvió y vio que Yaschima se encontraba profundamente apenado. El príncipe le contó la historia de la zorra blanca como la nieve y los crueles cazadores, y la muerte del padre al que amaba. La doncella le habló con tiernas palabras de simpatía, y su voz era tan suave y dulce que le sirvió de consuelo. Cuando se percató Yaschima que la joven era sincera, que su corazón era tan puro y hermoso como su rostro, la amó y rogó que fuera su esposa. Ella respondió, con mucha suavidad: «Yo ya te quiero. Sé que eres bueno y valiente, y te consolaré por la pérdida de tu padre».

Se casaron. Yaschima no se olvidó de la muerte de su padre, pero recordó que su bella esposa había estado con él desde entonces. Durante algún tiempo vivieron felices juntos. Los días pasaron rápidamente. Yaschima gobernó a su pueblo con sabiduría y su hermosa princesa permanecía siempre a su lado. Cada mañana iban al templo y agradecían al buen dios Inari por la alegría que había llegado a ellos.

Entonces nació un hijo para el Príncipe y la Princesa. Le dieron el nombre de Seimei. A partir de entonces la Princesa se sintió muy apenada. Ella se sentaba sola durante horas y las lágrimas brotaban de sus ojos cuando Yaschima le preguntaba por la causa de su tristeza. Un día, ella tomó su mano y dijo: «Nuestra vida aquí ha sido muy hermosa. Te he dado un hijo que estará siempre contigo. El dios Inari ahora me dice que tengo que dejaros. Él os guardará como tú me guardabas de los cazadores en la puerta del gran templo. No soy otra que la zorra blanca como la nieve cuya vida salvaste». Una vez más lo miró a los ojos y, entonces, sin decir una palabra, ella se fue.

Yaschima y Seimei vivieron mucho tiempo en la Provincia de los Dioses. Fueron muy amados, pero la zorra blanca como la nieve no volvió a ser vista nunca más.

Nedzumi

EN la Tierra Central de los Llanos de Juncos, moraban dos ratas. Su hogar se encontraba en una solitaria granja rodeada de campos de arroz. Tan felices vivieron por muchos años que las otras ratas de la región, que tenían que cambiar constantemente de morada, creían que sus vecinos estaban bajo la protección especial de Fukoruku Jin, uno de los Siete Dioses de la Felicidad y el Patrón de la Larga Vida.

Estas ratas tuvieron una gran familia de niños. Todos los días de verano llevaban a los más pequeños a los campos de arroz, donde, al abrigo de los tallos ondulantes, las jóvenes ratas aprendieron la historia y la astucia de su pueblo. Cuando el trabajo estaba hecho, salían corriendo a jugar con sus amigos hasta que llegaba el momento de volver a casa.

La más hermosa entre estos niños era Nedzumi, el orgullo del corazón de sus padres. Ella era realmente una criatura encantadora, de pulcra piel plateada, de brillantes ojos inteligentes, de diminutas orejas rectas y dientes blancos como perlas. Parecía que para los cariñosos padres no había nadie lo suficientemente magnífico como para casarse con su hija, pero, después de mucho meditar, decidieron que el ser más poderoso en todo el universo debía ser su yerno.

Los padres discutieron tal cuestión de peso con un vecino de confianza, que dijo: «Si queréis casar a vuestra hija con el ser más poderoso en el universo, hay que solicitar al sol que se case con ella, pues su imperio no tiene límites».

Cómo subieron a los cielos, ninguna rata lo puede decir. El sol les dio audiencia y les escuchó cortésmente: «Queremos daros a nuestra hija por esposa». Él sonrió y respondió: «Vuestra hija se ha hecho hermosa y os doy las gracias por haber venido hasta tan lejos para ofrecérmela. Pero, decidme, ¿por qué me habéis escogido de entre todos?» Las ratas le respondieron: «Querríamos casar a nuestra Nedzumi con el ser más poderoso, y sólo vos ejercéis influencia en todo el mundo». Entonces el sol respondió: «En verdad que mi reino es vasto, pero a menudo, cuando ilumino al mundo, una nube flota y me cubre. No puedo penetrarla. Por lo tanto, debéis ir donde ésta si vuestro deseo queréis ver cumplido».

De ninguna manera desanimadas, las ratas dejaron al sol y llegaron hasta una nube mientras ésta descansaba tras un vuelo por los aires. La nube los recibió con menos cordialidad que el sol y respondió a su oferta con una mirada de picardía en sus ojos oscuros: «Os habéis equivocado si pensáis que yo soy el ser más poderoso. Es cierto que a veces oculto al sol, pero no puedo resistir la fuerza del viento. Cuando empieza a soplar soy expulsada y rota en pedazos. Mi fuerza no es igual a la potencia del viento».

Un tanto tristes, las ratas, resueltas por la futura prosperidad de su hija, salieron al paso del viento que barría a través de un bosque de pinos. Estaba a punto de despertar la llanura, agitar la hierba y las flores. Los dos ansiosos padres dieron a conocer su propósito. Esta fue la respuesta que les susurró el viento: «Es cierto que tengo la fuerza para alejar las nubes, pero yo soy impotente contra el muro que los hombres construyen para detenerme. Tenéis que ir donde él si queréis que el más poderoso en el mundo sea vuestro yerno. En realidad, no soy tan poderoso como el muro».

Las ratas, aún persistentes en su búsqueda, llegaron ante el muro y le contaron su historia. El muro respondió: «Es verdad que puedo soportar el viento, pero la rata me debilita y hace agujeros a través de mi mismo corazón. A ella debéis ir si queréis que vuestra hija se una con el más poderoso del mundo. No puedo vencer a la rata».

Y entonces los padres rata regresaron a su hogar en la granja. Nedzumi, su hermosa hija de capa de seda y ojos brillantes, se alegró cuando se enteró de que iba a casarse con alguien de su propio pueblo; su corazón ya había sido dado a un compañero de juegos en los campos de arroz. Se casaron y vivieron por muchos años como rey y reina del mundo de las ratas.

Koma y Gon

HACE muchas lunas, un profesor de música vivía no muy lejos de Kyoto. Una fiel sirvienta y un hermoso gato eran sus únicos compañeros. Gon era un camarada apuesto, de brillante pelaje, cola tupida y ojos de verde hierba que brillaban en la oscuridad. Su amo lo quería y tengo que decir que el gato ronroneaba a su lado durante la noche. «Nada nos separará, viejo amigo».

O-Ume era una doncella alegre, cuya casa estaba en medio de las plantaciones de ciruelo. Su mascota preferida era una pequeña gata. Koma tenía muy encantadoras formas; a su ama le deleitaba mucho contemplarla. Parpadeaba con gracia, comía delicadamente y se lamía con tanto cuidado su rosada nariz por medio de su pequeña lengua, que O-Ume la cogía y le decía con cariño: «Koma, Koma, eres una buena gata.

Estoy segura de que tus ancestros derramaron lágrimas cuando nuestro Señor Buda murió».

Sucedió que Gon y Koma se encontraron y se enamoraron profundamente el uno del otro. Gon era tan hermoso que cualquiera de las gatas de la región, de buena gana, habría sido su compañera, pero él no se dignó en citarse con ninguna de ellas. Cuando vio a la pequeña doncella Koma, su corazón latió velozmente.

Ambos gatos se sentían angustiados pues ni el maestro de música ni O-Ume querían oír hablar de separarse de sus mascotas. El amo de Gon voluntariamente permitiría que Koma se viniera a vivir con él, pero O-Ume no cedía; ni las súplicas de Koma tuvieron éxito.

Durante la séptima noche de la séptima luna, la noche sagrada para los amantes de la Tierra de la Gran Paz, cuando Kingen cruza el Río de Plata de los Cielos y Shokujo lo abraza con alegría, Gon y Koma abandonaron sus hogares y huyeron juntos. Era una noche de luna y los gatos sentían ligero el corazón cuando correteaban por los campos de arroz y por las grandes llanuras abiertas. Cuando amaneció, estaban cerca de un palacio que se encontraba en un gran parque, lleno de majestuosos árboles centenarios y de estanques cubiertos del dulce loto floreciente. Koma dijo: «Si pudiéramos vivir en ese palacio, ¡cuán glorioso sería!» Mientras hablaba, un fiero perro vio a los gatos y los rodeó, lleno de ira. Koma dio un grito de terror y saltó a un árbol de cerezo. Gon no se movió: «La amada Koma verá que soy un héroe y no voy a perder la vida huyendo». Pero el perro era poderoso y bien podría haber matado a Gon. El perro estaba sobre el bravo gato cuando un sirviente lo echó fuera y a Gon lo llevó dentro del palacio. La pobre y pequeña Koma se quedó sola para lamentar su pérdida.

La Princesa que vivía en el palacio se regocijó cuando Gon fue llevado ante ella. Pasaron muchos días antes de que se le permitiera salir fuera de su vista. Entonces él buscaba por todos los sitios a su hermosa amada, pero fue en vano. «Mi Koma se ha perdido para siempre», suspiró.

La Princesa vivía en esplendor y felicidad. Sólo tenía un problema: una gran serpiente la cortejaba. A todas las horas del día y de la noche el animal se deslizaba hacia arriba y trataba de llegar hasta ella. Se mantenía una guardia constante, pero la serpiente, en ocasiones, lograba ganar la puerta de su habitación. Una tarde, la Princesa tocaba suavemente el *koto*[24] cuando la serpiente se deslizó inadvertida entre los guardias y entró en su habitación. En un momento, Gon se abalanzó sobre su cuello y la mordió con tanta furia que la horrible criatura pronto yació muerta. La Princesa escuchó el ruido y miró a su alrededor. Cuando vio que Gon había arriesgado su vida por ella, se conmovió profundamente; ella le acarició y le susurró amables palabras al oído. Fue elogiado por toda la familia y alimentado con los más delicados manjares que había en el palacio. Pero una nube ensombrecía su felicidad: la pérdida de Koma.

Un día de verano Gon estaba tomando el sol ante la puerta del palacio. Medio dormido, miró sobre el mundo y soñó con la noche de luna llena cuando él y Koma se escaparon de sus antiguos hogares. En el parque un gran gato estaba maltratando a otro pequeño, demasiado débil para cuidar de sí mismo. Gon salto y voló en su ayuda. Pronto apartó a distancia al gato cruel; y luego se volvió hacia el pequeño para preguntarle si estaba herido. ¡Era Koma, su

---

[24] El koto (琴 o 箏) es un instrumento japonés de cuerda, similar al chino guzheng. Este instrumento ha sido utilizado ampliamente no solo en la interpretación de la música tradicional, sino también de muchos otros géneros contemporáneos.

amor perdido, quien estaba delante de él! No la Koma elegante, hermosa de otros días, porque ella estaba delgada y triste, pero sus ojos brillaron cuando vio que Gon era su salvador.

Los dos gatos se presentaron ante la Princesa. Le contaron la historia de su amor, de su huida, de su separación y de su reencuentro. Ella se unió con entusiasmo a su nueva alegría.

En la séptima noche de la séptima luna Gon y Koma se casaron. La Princesa los cuidó y todos fueron felices. Pasaron muchos años. Un día la Princesa los encontró acurrucados juntos. Los dos fieles corazones habían dejado de latir.